引きうける生き方

誰かのために手を差しのべるということ

安田未知子 著

WAVE出版

はじめに

「未知子、自分のことばかり考えていては〝人間〟にならないよ。
目の前の人（こと）に大きく手を広げて、すべてを引きうけて今を生きろ」

父は私が何かに尻込みしそうになると、いつもこう言って背中を押してくれました。「やるか、やらぬか」の判断基準も実に明快で、それが誰かのためになるかどうか、のみでした。これまで八三年間生きてきて、父の判断は正しかったと感じています。本当に大切なこと、全力で守るべきものは実はそんなに多くありません。

この数十年、毎朝六時から九時まで電話相談を受けていますが、話を聞き、なぜ悩むのかを掘り下げていくと、そこには必ず相手が存在します。親だったり、恋人だったり、上司だったり……。人は誰かと関わることで、悩み、苦しみ、喜び、楽しみ、泣き、笑うのです。電話をかけてくれるのも、誰かとつながり、「一人じゃない」「まだがんばれる」とたしかめたいからでしょう。

相談を受ける側の私も、この〝人とのつながり〟に励まされながら生きてきました。今も沖縄県うるま市にある介護老人保健施設「いずみ苑」の苑長を務めながら、障がい者のボランティアに参加して、毎日たくさんの人と顔を合わせています。

六十歳までは教師として、多くの子どもたちとふれ合いました。戦後の沖縄は混乱が著しく、ほとんどの生徒たちが不遇な環境におかれていました。家のない子、親のいない子ばかりか、戸籍のない子、兄弟姉妹の中で自分だけ肌が黒い子、名前がつけられていない子もいたほど。そんな子どもたちが将来身を立てるために、なんとか学校を卒業させたいと、私は彼らを家に預かって夫とともに学ぶ楽しさを教えました。

そのため、わが家は自分の子どものほかに、何人かの子どもたちが一緒に寝起きし、大家族のようににぎやかでした。教師としての定年を迎えるまでに預かった子どもは全部で四三人になります。

しかしその間、体調が悪かった時期も多く、私が子どもたちに助けられる場面もよくありました。二〇代後半から次々に病気にかかったのです。リウマチにはじまり、心臓や肝臓などを患い、がんには三度もかかり、生死の境を何度も行ったり来たりしました。八カ月ほど目が見えなくなったこともあります。そのときは、本当に死んでしまいたいと思いましたが、子どもたちがいたことで生きられました。

戦争で生き残り、大病をしても生き残った、その意味を考えるたびに、冒頭に述べた「目の前にあることを引きうけて今を生きろ」という言葉が思い出されます。父の言う通り、人としっかり関わり、心をひらいて、助け助けられながら生きることで、ようやく「人間」になれるのかもしれませんね。

現代は自分のことだけでせいいっぱいで、他人との関わりを避けている人も多いと聞きますが、それは人としてもったいないことです。なぜそう思うかを、この本を通してお伝えしたいと思います。

二〇一四年六月

安田未知子

第3章

いのちは一つしかないもの……137

第4章 自分の人生を引きうけよう……171

執筆協力　中村美砂子
装画　平岡瞳
装幀　加藤愛子（オフィスキントン）
ＤＴＰ　つむらともこ

第1章

大丈夫、きっとできるから

みんなで隣の人を支えよう

親の言葉はどうしてこうも、心に染みるのでしょうか。私自身が親となり、孫もできて、今や「おばあちゃん」と呼ばれているというのに、両親に言われたことを思い出すたびに小さな子どもの気持ちに戻るのです。この本の最初に、少しだけ私の両親の話をさせてください。

八歳のときに両親の生まれ故郷、沖縄に引っ越すまでは、東京タワーの近くで暮らしていました。私が小さかった頃、父はまだ歯科大の学生でしたので、母がいくつかの仕事をかけもちしながら生活を支えていました。父は毎日私を背負って大学に行き、父、学長室に私を預けて授業を受けていたのです。

そんな状態ですから暮らしは楽ではなかったと思いますが、家には居候が八人もいました。故郷の友人たちが父を頼って上京し、そのまま住み着いていたのです。

まだ幼かった私にとっては、まわりに大人がたくさんいて、みんなにかわいがられて楽しい日々でしたが、母は家計のやりくりでさぞかし苦労したことと思います。それでも、母が愚痴をこぼす姿を見たことがありません。父はよく言ったものです。

「未知子、自分のそばにいる人みんなを神様だと思いなさい。ボロを着ている人も、いい着物を着ている人もみんな神様だよ」

まわりの人はみんな神様……、神様と同じように敬いなさい。私はこの言葉を両親の行動を通して理解していました。

子どもの頃、父にたずねたことがあります。

「どうして右と左があるの？」

すると父はこう答えてくれました。

「右と左の真ん中に未知子がいるよね。右と左は両側にいる人と手をつないで歩くためにあるんだよ。それなのに、おまえだけ先を歩いてしまったら、一人ぼっちになっちゃうよ。世の中は一人じゃ生きられないだろう？」

父はその言葉通り、いつも目の前の誰かのために手を尽くしていました。自分の歯科医院に通ってくる子が、

「学校をやめる。働いて親孝行する」

と言えば、その子から治療費はとらないばかりか、

「私が死ぬまで、そんなことは絶対言うな」

と約束させて、翌日その子の学費を振り込んだこともあります。そうやって何人もの子どもたちの足長おじさんになっていました。それでいて自分たちは質素に暮らし、「服は三枚以上はいらない」と公言していたほどです。

ある日、父のハンカチが破れているのに気づいて、

「新しいのを買ってきてあげようね」

と言うと、父はそのハンカチを小さく畳んで私に聞きました。

「破れているのが見えるかい？」

人前でハンカチを広げることはないんだから、まだ使えると言うのです。

そうやってよれよれになるまで使い、いよいよみすぼらしくなったら、布を棒状によって木綿糸で縛り、お風呂の焚きつけにするのです。何でも最後まで無駄にしない、というのが父の教えでした。お金を使うべき場所はほかにある、ということでしょう。


私が少し大きくなった時、父は「右と左の話」をこんなふうに聞かせてくれました。

「ひとりがみんなを助けることはできないけれど、みんなが自分の両隣にいる人を支えられれば、結局はみんなが助かるんだよ」

後に、教師として戦後の子どもたちに関わった私は、父のこの言葉の深い意味を何度も思い返すことになるのです。

右と左の真ん中に
あなたがいるでしょう?
右と左は、両側にいる人と
手をつなぐためにあるんだよ。

あきらめなければ、道はひらく

教師は生徒の前に立ったそのときから「先生」です。どんなに若くても未熟でも、生徒が立ち止まっていたら前へと導く役割があります。

私が小・中学校の教師になった当初、ほとんどの校舎は茅ぶき屋根で床はなく、机と椅子を地面に置いただけの粗末なものでしたが、みんな勉強できることがうれしくて、目をキラキラさせていました。

しかしその一方で、すべてをあきらめてしまったように、登校せずに街中をふらついて過ごす子もいました。子どもだけではありません。あの時代は戦争で心に深い傷を負ったまま、食べることと寝ることにしか興味のない大人も多くいました。

彼らはいつもお腹をすかせて、アメリカの軍人を見ると「ギブミーチョコレート、ギブミーキャンディー」と菓子をねだっていました。そんな人たちに向かって、たちの悪い軍人がわざと顔に当たるように投げてあざ笑う光景もよく見かけたものです。

一度、外国の新聞に「沖縄人はギブミー民族」と書かれたことがあります。その記事に私たち教師は憤りました。沖縄は礼節を重んじる守礼の国なのです。

「あなたたちは美しい国の子どもなの。〝ギブミー民族〟なんかじゃないよ」

と子どもたちに民族の誇りを持つように促しました。でも、言葉で諭したところで空腹にはかないません。この時代は、家がない、親がいない、食べるものがない……、何も持たない子どもが大勢いたのです。

当時の沖縄には混血児もたくさんいて、そのほとんどが祝福されて生まれたわけではありませんでした。

「けいちゃん」と呼ばれる男の子もそのひとりで、黒人との間に生まれた子どもでした。しかし、「けい」とは正式な名前ではなく、学校の友だちからはそう呼ばれ、家の近所ではまた違う名前で呼ばれていました。本当の名前はなにかと聞くと、本人も「わからない」と答えます。私は不思議に思って、戸籍証明書を取ってくるように言いましたが、いつまでも持ってこないので家を訪ねてお母さんに聞いてみると、彼には戸籍どころか名前すらつけられていませんでした。

このことに胸が突かれるようなショックを受けました。その頃の沖縄の人たちは、戦争で誰もが食べもののない苦しさと恐ろしさ、死ぬか生きるかのギリギリを体験しているけれど、それでも子どもは愛され、大切にされるものだと信じていたのです。

私はこの子に正式な名前をつけて戸籍をつくらねばならないと思い、それから数日間、自宅に通ってお母さんと話をしました。ですが、けいちゃんをどこで生んだのか、父親はどなたかと聞くと、お母さんの声は小さくなってしまうのです。

これは後々にわかることですが、戦後、沖縄の女性は生きるために大変苦労しました。男の数は少なく、家や財産も失い、食べるもの欲しさにアメリカの軍人にからだを預けて生き延びた人もたくさんいたのです。そうして身ごもってしまったら、今度はそのことが恥ずかしく、違う土地に行ってこっそり生んで、戸籍もつくらず母子で小さくなって暮らしている人が多かった。

だけど、子どもが学校に行くようになると、戸籍がないことを子ども自身が知ることになります。学校から証明書を提出するように言われても持っていけず、何度も催促されるのが嫌でそのうちに学校に行かなくなってしまう子もいたのです。

私はお母さんの手をとって言いました。

「お母さんの苦しい胸のうちはわかります。でも、今のままではけいちゃんは堂々と生きられない。私にだけは話してください。お父さんはどなたですか？」

つらい現実を受け入れるのは難しいかもしれないが、次の一歩はそこからしかはじめられないのだとお母さんに話しました。

自分より年上の人に向かって失礼だとわかっていましたが、私はけいちゃんの先生だから、私が言わねばならないと思いました。お母さんはやがて小さな声で「アメリカの兵隊」と答えてくれました。お母さんもそれだけしか知らなかったそうです。

私はお母さんと一緒に米軍の事務所を訪ね、そこで写真付きの軍人名簿から父親が誰か名前を調べて、「けい」の名前で戸籍をつくりました。

翌日、私はけいちゃんに戸籍を見せて、「あなたのお父さんはアメリカの軍人さんだよ」と伝えました。このときの彼のうれしそうな顔は今でも忘れられません。

これまで、自分の名前を知らず、父親はどこの誰ともわからず、所在ない思いをしてきた子どもですから、正式な名前がついたこと、「自分にもお父さんがいた」ということが彼を喜ばせたようでした。

たとえ父親が会ったことのない人でも、「アメリカー（アメリカ人め）」といじめられても、けいちゃんはお父さんが欲しかったのだと思います。

この子と似たような境遇の子どもは他にもいましたが、そこから人生を切り開いた親子を私は何人も見てきました。あきらめなければ、道は自ずと用意されるのです。

目の前の現実から目を背けていては、
大切なことを見失ってしまいます。
つらくても受け入れましょう。
それができれば、 あとは難しくありません。

負けない気持ちをもってね

私の生徒だった「れいこ」は父親が大きな家の長男だったため、誕生のお祝いは盛大なものでした。しかし、一歳の頃から、だんだんと肌の色が黒くなり、目は大きくなって、髪が細かく縮れてきたのです。

両親は沖縄の人なのに、なぜ黒人の子どもが生まれるのかと噂が立ち、いたたまれなくなったお母さんはれいこを連れて家を出てしまいます。やがてお父さんも二人を追って家を出て、その日から三人だけの貧しい暮らしがはじまりました。

お母さんには身に覚えがありました。かつてアメリカ軍人の家でメイドをしていたとき、ひどい台風で家に帰れなくなったことがあります。れいこは、その時にできた子どもだったのです。

私がれいこの担任になったのは、彼女が中学一年生のときです。勉強もスポーツもよくできる子でしたが、小学校低学年の頃は貧しくて学校に行けなかったそうです。それでもお母さんは、娘が将来身を立てるには学問しかないと考え、家で勉強を教えていました。文具が買えないときは、線香に火をつけて紙にポツポツ穴を開けて字を覚えたといいます。

れいこは学校でいじめにあっていました。「クロンボ」「あいのこ」とはやし立てられ、ひどいときは拭き掃除の汚れた水を頭からかけられて、ずぶぬれになることもありました。私がその場に居合わせたときは間に入ってやめさせましたが、見えないところではもっとひどいことをされていたかもしれません。

家族の中で自分ひとりだけ肌が黒かったれいこは、出口のない悩みを抱えていたと思います。幼い頃は、肌を白くしたい一心で、銭湯で石けんをまるまる一個使ってからだ中をこすったといいますが、私が担任になった頃はつらさを表に出すことはありませんでした。いじめられてもただじっと耐えているだけです。

私はこの子をどう助けていいのか見当がつきませんでした。「自信を持っていいんだよ」と伝えたいけれど、「先生に私の気持ちはわからない」と言われてもおかしくないのです。私は教師として力のなさを感じるばかりでした。

だけど、ただひとつ救いだったのは、れいこが両親に愛されて育っていたことです。父親がれいこにつらく当たることもなく、貧しくも温かい家庭でした。

一度、れいこ家族のことを聞きつけた週刊誌が、いいかげんな取材で記事にしたことがあります。某有名俳優がルポをするというものでしたが、記事には「両親は立派な家に住み、肌の色の違う娘は紙の家で暮らしている」などと見出しが躍りました。

それは大きな誤解です。れいこの家は卵を売って生計を立てていましたが、鶏舎は衛生上コンクリートにしなければならない規則があり、立派な家に住んでいたのは鶏たちで、れいこの家族はみんなダンボールの家に暮らしていたのです。

この記事が出たことで、れいこ家族はますます注目されることになりました。そんなことがあるたびに、お母さんとれいこはつらい視線にさらされることになるのです。

私はれいこにいじめを跳ね返すくらい強くなってほしいと思いました。

「れいこがいじめられたら、お母さんはもっとつらいよ。だから負けちゃダメだよ。クロンボと言われたら、『それのどこが悪いか』と言い返しなさい」

だけど、おとなしいれいこが、いじめっ子たちに刃向かうことはありませんでした。

逃げないで、ここからがんばるよ

れいこは陸上が得意でした。体育の授業や運動会で彼女が走っていると、そのときだけは、みんなから称賛を受けていました。彼女がもしスポーツの他にも得意な教科を身につけられたらいじめが減るかもしれません。

私はれいこに英語の猛特訓をすることにしました。彼女が大人になったとき、実の父親が住むアメリカに渡ることがあるかもしれないと考えたのです。しかし、れいこは家の手伝いで毎日卵二〇〇個を売らなければ、勉強をはじめられませんでしたから、私も彼女と一緒に上の部落から下の部落へと、山道を登ったり降りたりしながら卵を売り歩きました。

れいこはきつい状況でも弱音をはかず、熱心に勉強しました。成績も上がってきたので、教師として少しは自分も役に立ったかなと思っていたのですが、彼女は中学三年になると、「学費が払えないので高校進学をあきらめる」と言い出しました。

それは親の苦労を思うれいこの決意でしたが、今度はこっちがあきらめられません。彼女のこれまでのがんばりと意欲をなんとか進学に結びつけたかった私は、むきになってかけずりまわり、ようやく国際福祉事務所から奨学金をとりつけて進学させることができたのです。

高校入学後、れいこは陸上の才能を認められ、女子スプリンターとして、全国に名をとどろかせました。いくつもの大学から特待生のオファーが相次ぐなかで、地元の大学に入学。卒業したあとは渡米し、スポーツの名門校の大学院に入りました。

アメリカでは、勉強しながらアルバイトにも精を出し、父親に毎月送金して妹たちの進学を助けました。素直でやさしい子なので、アメリカでお世話になった牧師夫婦にもかわいがられたそうです。今は大きな病院に勤め、健康体操の指導者として活躍しています。

私はれいこに「いじめられたくなければ、何かひとつ一番になれ」と言い、一番になったときは「オール5をとれ」と言いました。そしてオール5をとった頃、彼女は作文に母親のことを書いて、みんなの前で発表しました。

お母さんがどれだけ苦労して自分を育てたか、そんな母親を立派な人だと尊敬している、そんな内容でした。私は彼女が途中で泣き出すのではないかとハラハラして見ていましたが、れいこは実に堂々としていました。まわりの子どもたち、れいこをいじめてきたワンパク坊主たちも、れいこの言葉にじっと耳を傾けていました。

彼女のひたすらがんばってきた姿が、周囲の人の胸を打ったのでしょう。もう、れいこをいじめる人はいなくなりました。

「今」から逃げないで、
明日をみよう。
そこでがんばる姿は人の心を動かし、
やがてまわりが変わってきます。

伝わる言葉をかけようね

二二歳のとき、私は同じ教師である安田政登《やすだまさと》と結婚しました。頭の切れる人だったので、ついたあだ名は「カミソリ」です。物騒な呼び名ですが心根はやさしい人で、私たち夫婦が話すことはいつも子どものことばかりでした。

夫と私、義母の三人暮らしがはじまってすぐのこと。中学三年生の担任だった私のところに、「かずや」という生徒のお母さんが訪ねてきました。

「息子をなんとか高校に行かせてやりたいよ。先生、助けて」

かずやはフィリピン人との間に生まれた混血児で、肩身の狭い思いをしている息子をなんとか進学させて、将来いい仕事に就かせたいとお母さんは願っていたのです。

子どもを高校に行かせることは、戦後の親たちの悲願でした。学がなければバカにされる、バカにされれば気持ちがゆがむ。自分の子どもにそうなって欲しくないと願う親にとって、頼る先は教師しかいません。だから私もその気持ちに応えたいという思いはありましたが、ときはすでに二学期の終わりです。おまけに彼の成績は悪く、通知表はいつもオール1でした。卒業までの時間はあとわずかしかありません。どうしたものかと考えたあげく、私はかずやを家に預かることに決めたのです。

私と夫は毎日夜中まで勉強を教えましたが、かずやは無口な子で本人にやる気があるのかないのか、ちっとも手応えがありませんでした。本当に高校に行きたいかと聞けば、「はい」と答えるものの、その翌日には家に逃げ帰っていることもあるのです。

一度、かずやの家まで連れ戻しに行って部屋に入ったら、壁に何枚も裸の女性のポスターが貼ってあって目を丸くしたこともあります。頭をポカっとげんこつして引っ張って帰ってきましたが、女の私には男の子の気持ちがさっぱりわかりません。

家の犬や猫には言葉がなくても伝わるのに、なんで人間相手にこちらの思いが届かないのか、悔しかったり悩んだりの連続でした。

そんなとき夫はこう言って励ましてくれました。

「かずやが悪いんじゃない。おまえが伝える言葉を持っていないだけさ」

「相手に伝わる言葉で百回でも千回でも届けることが大切だよ」

「焦っちゃいけない。おまえに肝心《ちむぐくる》（真心）があればいつか伝わるさ」

そう言われて思い返すと、私はたった三回くらいでイライラしていたのかと反省。それからは、大切なことはじりじりしながらも、鉛筆で正の字を書いて何回も伝えました。やがて、かずやも勉強に身が入ってきたように見えましたが、短期間で成績が上がるはずもなく、結局は縁を頼って倍率の低い高校に入れてもらい、これからが勝負だよ、と送り出したのです。

そして三年後、高校の担任の先生が、いい知らせを持ってきてくれました。かずやが全教科で一番になったというのです。彼は後に特待生で琉球大学に入り、卒業後は県庁職員として採用されました。

真心が大事だよ

かずやはわが家ではじめて世話をした子どもでした。それを機に、私たち夫婦は度々子どもを預かって勉強を教え、進学させた子どもは全部で四三人になります。噂を聞きつけた知らない人から、子どもの勉強をみてほしいと頼まれることもありました。

やがて私たち夫婦にも子どもが生まれ、一時期わが家はまるで子ども屋敷のようでした。そのうえ夫は、預かる子の友だちにも一緒に家に来るように必ず言いました。

「誰でもいいよ。大好きな友だちを連れて来なさい」

そう言われた子どもは、きょとんとした顔をするのですが、大変な勉強も、友だちがいると気持ちが楽になって身につきやすいのです。

「やる気」「お母さん」「友だち」、この三つが揃えば、子どもは必ず伸びます。しかし当時は母親がいない子も多く、私は彼らのお母さんになろうと決めていましたが、本当の母の愛にはなかなか及ばず、よく悩みました。

一番難しいと感じたのは、叱り方です。親であれば叩いて教える場面でも、教師にできるのは説いて諭すことだけ。叱り方を間違えると勉強を放棄してしまうのではないかと、躊躇《ちゅうちょ》することもありました。

かわいがるより、厳しくするほうがずっと難しいと感じていましたが、これも夫の言う通り、伝わらないのは私に導く言葉がない、力がない、ということなのです。

子どもはそれぞれ異なる環境で育ち、感受性も違います。それなのに、つい自分のものさしで測ろうとして失敗して、よく落ち込みました。

似たようなことは八三歳になった今もあります。うまく伝わらなかったな、誤解させたかなと後悔が押し寄せるとき、とうに他界した夫の声が聞こえます。

「おまえの肝心《ちむぐくる》（真心）はどこにいった?」

そうだった。伝わる言葉で、百回も千回も気持ちを届けよう、そう思い返すのです。

自分の思いが伝わらないのは、
相手のせいではありません。
こちらの言葉がまだ足りないか、
肝心《ちむぐくる》が届いていないのです。

まっすぐな心を明るいほうへ

「ゆきお」は私が初めて小学校に赴任し、二年生の担任になったときの生徒でした。黒人との間に生まれた混血児で、小さくて目がくりくりしたかわいい男の子です。

ある日、植物観察のためにみんなで朝顔を植えたのですが、ゆきおはその朝顔を引っこ抜いて野菜を植えてしまいました。そのときは「いたずらするんじゃない！」と叱りましたが、ヘチマ観察のときもやっぱり引き抜いて野菜を植えたのです。

なぜそんなことをするのか不思議に思って彼の家を訪ねてみると、ゆきおは穴がぼこぼこ開いた板の間ひとつの小さなトタン家で、ひどく貧しい暮らしをしていました。そこには、肺を患ったおばあさんとおじさんが寝ていて、彼が面倒をみているといいます。お父さんはおらず、お母さんもときどき家に帰ってきては、お金を置いてまた出て行ってしまうという生活です。ゆきおが朝顔やへチマの代わりに野菜を植えたのも、暮らしのためだったのでしょう。

「話を聞かずに叱ってごめんね。先生が悪かったね」

私はゆきおに謝って、翌日、木でできた分厚いそうめん箱にねぎと菜っ葉を植えて、これはゆきおのものだよ、と彼に持たせました。

それからは学校が終わってから、ときどき家を訪ねて様子を見に行くようになりました。一度、私が家を訪ねているときに、お母さんが帰ってきたことがあります。

すると彼は、

「先生が来ているんだ。金を置いて、さっさと出て行け！」

と声を荒らげて、お母さんを追い払ってしまいました。

母の日が近づいたある日、授業で子どもたちにお母さんの絵を描かせたことがあります。ふとゆきおの絵を見ると、クレヨンで画用紙いっぱいに真っ赤な唇を描いて、まわりを真っ黒に塗りつぶしています。その瞬間、「ゆきおが何かを訴えている」と、胸がしめつけられるような思いが走りました。

ゆきおの初恋

ある日、ゆきおは授業中に突然、お猿さんのようにぽーんと教室の窓を飛び越えて出て行ったことがあります。何ごとかと追いかけると、彼は隣のクラスのゆみこちゃんの席に行き、彼女の胸元に小さな紙を押し込んで走り去りました。

ゆみこちゃんはびっくりして泣き出しましたが、紙を見た隣のクラスの先生は顔をゆるめて、「情熱的だなぁ」と言って笑っています。紙にはつたない字で、

「ゆみこ、きよたかとけっこんしたらころすぞ」

と、書いてありました。ゆきおは恋をしていたのです。

きよたか君は隣のクラスの男子学級委員で、ゆみこちゃんは女子学級委員でしたか

ら、二人で行動することがよくありました。ゆきおはそのたびにやきもきして見ていたに違いありません。

のちにゆみこちゃんのお母さんに聞いたのですが、朝玄関を開けると、ときどきゆきおが家の前に座っていたそうです。あまりに何度も来るものだから、お腹がすいているのかと思って、おにぎりを食べさせたこともあったといいます。

ゆきおの家からだと、ゆみこちゃんの家は学校を通り越し、ずいぶん遠いところにあったのですから、きっと早起きして迎えに行っていたのでしょう。町内の小学生が集団登校していたなか、ゆきおは少し離れて、後ろをついて歩いていたそうです。

「この強くてまっすぐな心を、いい方向へ伸ばしたい」

そう思った私は、ゆきおの将来について彼のおばあさんと話をして、高校まで出すつもりでわが家に引き取ることにしました。

足りないならば、満たしましょう

ゆきおは家に来た当初、ふらりといなくなることがありました。家に戻っておばあさんたちの世話をしていることもあれば、街で遊びほうけていることもあって、そのたびに探しにいかなければならず、本当に手のかかる子でした。

一度、私の二人の息子を連れて、家を出たまま帰ってこなかったこともあります。そのときは、那覇に遊びに行ったかもしれないと、「小さな男の子たちがバスに乗らなかったか」と聞いてまわりましたが誰も見ていないとのこと。それなら近くの川に落ちたかもしれないと、警察や隣近所の人たちが総出で捜してくれたものの、一向に見つかりません。

姑からは「金もないのによそのクロンボまで面倒見るから罰が当たったんだ」「孫に何かあったら許さんぞ」と何度も責められ、そのうちに辺りはどんどん暗くなって、捜索はいったん打ち切られてしまいました。私は最悪の事態を思い浮かべては打ち消し、ざわざわした気持ちのまま朝を迎えたのです。

翌朝、三人は家からずいぶん離れた海岸端で見つかりました。漁師さんがイカ釣り用のサバニ（小舟）を出そうとしたら、子どもたちが中で寝ていたというのです。海に行きたくてひたすら歩き、くたびれたからボートで寝た、ただそれだけの理由でした。私は安堵し、子どもたちになんと説教しようか考えながら迎えに行ったのですが、ゆきおは警官にこっぴどく叱られていて、見ていられませんでした。

「この子はたったひとりでばあちゃんの面倒を見ているえらい子なんです。もうこれ以上叱らんでやってください」

私はそうお願いして、ゆきおと二人の子どもたちの手をひいて帰りました。

ゆきおはときどき、家にある物を持ち出してはパウンショップ（質屋）で売りさばき、お菓子を買い食いすることがありました。それが最初にわかったときは柱に縛りつけて叱りましたが、「ごめんなさい」も言いません。こちらが根負けして縄をほどくと、無邪気に走って遊びにいって、すぐにまた同じことをするのです。ゆきおが盗むのは私のものばかりでしたから、「甘えたい」「気を引きたい」のだとわかっていましたが、それをどう導いていいのか答えをつかめずにいました。

こんなとき父と母ならどうするか……。そう考えたとき思い出すことがありました。私の両親は、自分たちが面倒を見ている子が盗みをはたらいたときは、デパートに連れて行って欲しがる物を買ってあげていました。そして家に戻ると、アイロンがけや、ぞうきん縫いなど、簡単な仕事を頼み、できない子にはやり方を教えて、働いた分だけ賃金を払っていました。

両親は子どもに働く喜びを体験させて、何もせずに人の物を盗むことは悪いことなのだと自分で気づくよう、機会をつくっていたのです。

幼い頃の私はその考えがわからず、自分には何も買ってくれないのに、なんで悪い子に買ってあげるのかと不満でしたが、教師になってたくさんの子どもと接するうちに理解できるようになりました。人の物を盗むのは、その子の心に不足感があるからです。だから、まずは心を満たすことが大切だと、両親は考えていたのだと思います。それなのに、私はゆきおの寂しい心には目を向けないで、行動ばかりを正そうとしていたのでした。

向こう岸が見えた

私はゆきおがどんなことに喜び、どんなことを望んでいるのか、将来にどんな夢を描いているのかを知りたくて、彼とたくさん話をしました。しかし、「本土に行きたい」「お金がほしい」という答えが返ってくるばかりです。

ただ、ゆきおには絵の才能がありました。彼がお母さんを描いた真っ赤な唇の絵を児童画の専門家に見せると、ゆきおには母親の愛情が必要だと言いました。そして、力のある絵だと感心していました。

もしもゆきおの心の中に、言葉にできないさまざまな感情が渦巻いているのだとしたら、絵を描くことでその気持ちを表に出せないだろうか。

私は彼に画材を渡して、「絵を描いてみようよ」とすすめました。ゆきおが自分から絵筆をとることはあまりなかったのですが、図画の授業で彼が描いた防火ポスターは県主催のコンクールで優勝を果たし、街のあちこちに貼られました。ゆきおはすました顔をしていましたが、私はうれしくてたまらず、学校に貼られたポスターの前を何度も行ったり来たりしました。

このときからずいぶんあとになって、彼は車に夢中になり、行く道を見つけたのですが、この頃はまだ手探り状態です。

「乗りかかった船は、どんなにきつくても向こう岸に着くまで漕ぎ続けなければならないよ。それが教育だ」

子どもたちのことで頭を抱えるたびに、夫はこう言って励ましてくれました。

ゆきおが絵で認められたとき、私は向こう岸の景色を垣間見たような喜びを感じていたのです。

先生に会いに来たよ

絵で才能を発揮したものの、ゆきおは進学を希望しませんでした。彼は勉強や絵を描くことよりも、車を触ることがもっと好きだったのです。

当時はキーをつけたまま駐車するのがあたりまえだったので、ゆきおはいつも学校に停めてある、先生たちの車を勝手に動かしては叱られていました。ゆきおが運転席に座ると顔がハンドルに埋もれてしまうことから、誰も乗っていないように見える車が駐車場で出たり入ったりするたびに、先生たちは「こらっ、ゆきお。停めんか！」と走って行きました。だけど、ゆきおは何度叱られてもやっぱり車に触りたがります。

私は彼に約束しました。

「学校を卒業したら、先生が車の修理の仕事をきっと見つけるから」

「絶対だぞ。約束だからな」

それ以来、自動車修理工はゆきおの現実的な夢となりました。

卒業後、私はゆきおに沖縄中部にある自動車修理工場の仕事を紹介しました。ところが働き初めてすぐに、車を持ち上げていたジャッキが壊れて、ゆきおは押しつぶされてしまったのです。全身の骨がバラバラになって、いのちが危ぶまれる状態でした。

どうしよう、おばあさんから預かった大事な大事な子どもなのに、私が車の仕事に就かせなければ事故に遭わずにすんだかもしれない……、後悔してもしきれない思いにかられました。だから、助かったと聞いたときは、全身の力がぬけるようでした。

けれども、ゆきおが快復したとき、次は何をしたいのか聞くと、彼はやっぱり車の修理をやりたいと言うのです。

「車は危ないよ。他の道を探そう」

「いやだ。今度は東京に行って、絶対に修理工になる」

私は彼の強い気持ちにおされるかたちで職安に相談に行き、集団就職の一人として彼を東京に送り出したのでした。

それ以来四〇年近く、私はゆきおと会っていませんでした。ときどき思い出しては元気でいるかどうか気になりましたが、忙しさに追われるうちに長い時間が経ってしまったのです。

ところが、私があと一週間で定年退職というときのこと。

授業が終わって教室を出ると、階段の下からつなぎを着た小柄な男性が私を見上げています。ゆきおに似ているけど、まさか違うだろうと横をすり抜けると、「先生！」と後ろから抱きついてくるではありませんか。

そうです、その男性は大人になったゆきおでした。

「元気でいた？」「先生、からだは大丈夫ね？」

「本当にゆきお？」「ちゃんと生きていたんだぁ」

もっと互いに声をかけ合おうとしますが、それ以上言葉になりません。

「先生、俺ね。小さな小さな社長になったよ」

ゆきおは東京で小さな修理工場を持ったそうです。

その日、沖縄から同級生が訪ねて来るというので、羽田空港に迎えに行ったゆきおは、その友だちからこんな話を聞いたそうです。

「未知子先生、もうすぐ定年だ。教師って定年退職した途端に死ぬ人が多いよな」

おそらく軽い冗談のつもりだったと思いますが、ゆきおは急に心配になって、そのまま飛行機に飛び乗って、沖縄に帰ってきたというのです。

「だから汚れたつなぎを着ているんだねえ」

私はゆきおの話を聞いてうれしいやらおかしいやら。

安心したから帰ると車に乗り込んだ彼は、最後にこう言って照れ笑いしました。

「俺、ゆみこよりかわいい子を嫁さんにしたよ」

悪さをはたらくのは
心に不足があるのかもしれません。
まずはその人の寂しい心に
そっと寄り添いましょう。

せんせい…たすけて…

終戦から一〇年経っても、人々の暮らしはあまり改善されませんでした。よくなったことといえば、テント暮らしだった人がようやくトタン張りの家に住めるようになったことでしょうか。

その頃は朝家を出たものの学校に来ない子どもがたくさんいました。米軍基地のちり捨て場に行って拾いものをする子、小遣い銭稼ぎに靴磨きをする子、野山で遊ぶ子などがいて、欠席が多いときはよく子どもたちを探しに出ました。

その帰り道に、私は「さっちゃん」からこんなことを聞きました。

「先生、芋畑の穴の中にお猿さんが捕まっているよ。このお猿さんはお腹をすかせているから、通るときは必ず炊いた芋と小さなおにぎりを穴へ投げてね」

さっちゃんの言う〝穴〟は、芋畑の葉が生い茂るその奥にありました。私は本当にそこにお猿さんがいるのだと思い、ゆきおたちと一緒に芋の葉のすき間から穴をめがけておにぎりを投げ入れたこともありました。

それから三カ月ほど経ったときのことです。

「先生、お猿さんから手紙だよ」と、さっちゃんがノートの切れ端を持ってきました。

「お猿が手紙を書けるわけがない。嘘つきだ」

まわりの子たちはこう言ってはやし立てましたが、さっちゃんの顔は真剣です。

「せんせいたすけて　わたしはしぬ」

その紙片にはこう書かれていました。驚きました。私はこのとき初めて、あのお猿さんは人間なのだと気づいたのです。

私はすぐに警察署に連絡しました。駆けつけた警官たちと一緒に芋の葉を持ち上げると、深さ二メートルくらいに掘られた穴の奥底に、泥だらけになった少女が縮こまっています。痩せ細った足は鎖でつながれ、足首は骨が見えて血が流れていました。私はあまりのショックに、その場で気を失ってしまいました。

その翌日から連日警察署に呼ばれ、事情聴取が続きました。学校や家のまわりには見たことのない人たちがウロウロしていたので、不安がった姑や小姑からは、いらんことに首を突っ込むからだと叱られましたが、夫だけは、

「心配するな、おまえは人の命を救ったのだ。何かあれば俺が守る」

と言ってくれました。

騒ぎが落ち着いた頃でしょうか。少女の母方のおばあさんが訪ねてきて、穴に埋められた理由を泣きながら話してくれました。

少女は母親と早くに死に別れ、厳しい父親と継母と三人で暮らしていました。事件は、あるとき少女が隣の家からアイロンを借りたまま返していないと聞いた父親が激怒し、罰を与えたというものでした。

しかし、警察の調べではアイロンはちゃんと返されていました。父親は少女の話を

聞こうともせず、親の顔に泥を塗ったことを理由に暴力をふるい、穴に埋めたのです。

昔の沖縄では、子どもが言うことを聞かないときや、人様に迷惑をかけたときには、親が体罰を与えることがよくありました。子どもは親の私物扱いで、話など聞きもせずに木に吊るしたり、手足が折れるまで叩くことも珍しくありませんでした。

学校で先生に叱られると、家でもっとひどい体罰を受けるので、母親や生徒たちが父親には内緒にしてほしいと頼みに来ることもありました。

私も生徒が人に迷惑をかけたときは、二回までは言葉で諭し、三回目は家に連れて来て座らせ、親が迎えに来ても帰さずに親子ともども叱ったものです。しかし、この父親のように、俺の顔に泥を塗ったと叩くのはただの暴力です。理不尽に叩かれた子どもは恐怖心が植えつけられて、一生引きずることになります。

この少女は畑の穴の中で、どれだけ恐ろしい思いをしたことでしょう。心に傷を残さず幸せに育ってくれますようにと、少女を思い出すたびに祈りました。

そして、事件から数十年経ったある日、職場に背の高い女性が訪ねてきました。

私は最初、誰かわかりませんでしたが、その女性は「先生、助けてもらった私よ！」と、飛びついてきて離れません。

ふと足首の傷が目に入り、私はようやくあのときの少女だと気がつきました。

私たちはあの日のことを何時間もおしゃべりしました。彼女は、最初にお猿のことを教えてくれたさっちゃんと知り合いだったそうです。おばあさんは孫を助けたいもののの父親が恐ろしく、「穴の中にお猿がいるから、食べものを投げ入れてね」と、さっちゃんに耳打ちしたのでした。

彼女は暗い穴の中で何カ月も過ごし、そのまま死ぬのかとあきらめかけたときに、子どもたちが食べものを運んでくるようになって、かすかな希望を持ったとのこと。

そこで「手紙が先生に届けば生きることができるが、他人の手に渡り、父に見つかってしまえば殺される」と、ふたつにひとつのかけをして、手紙を託したのです。

あのあと、父親は警察に捕まり、彼女はおばあさんに育てられました。今は結婚をして四人の子どもに恵まれて幸せだ、あきらめなくてよかったと話してくれました。

あきらめないでください。
宿命は変えられなくとも、
運命を変えることはできます。
未来を変えたいならば、
一歩踏み出してください。

何もないからおもしろい

言葉でちゃんと説明できなくても、子どもの頭の中にはイメージがたくさんあります。それをかたちにできたとき、何かしらの達成感を得られるはずです。私は美術の授業で、子どもたちにその体験をさせたいと思いました。

当時は画材が高くてなかなか手に入らなかったので、子どもたちを海に連れて行って砂浜に絵を描かせました。青い海を背景にした自然のキャンパスです。すると、目の前の砂に小さく描く子もいれば、棒きれを手にからだ全体を使って壮大な絵を描く子もいて、子どもたちの個性がよくわかる授業でした。

また、米軍基地のちり捨て場にあったベニヤ板に着物用の糊を塗り、砂絵を描かせたこともあります。紙にはない、砂特有のざらざらした細かい質感が、子どもたちの絵にユニークな立体感を持たせていました。

沖縄には「てぃんさぐの花」という民謡があります。「てぃんさぐ」とはホウセンカのことで、昔は魔除けとしてこの花で爪を赤く染めたと言われています。その歌からヒントを得て、糸をてぃんさぐや草木の汁で染め、板に打った釘に渡して大きな創作物をつくったこともあります。

糸は米軍基地で拾ってきた落下傘をほどいたものです。落下傘の糸は太いのですが、その糸をさらにほどいていくと細い糸になり、きれいな色に染まりました。何をやるにもお金をかけられなかったけれど、一つひとつの作業が楽しくて、子どもたちは美術の時間が大好きでした。

学校の近くに粘性の高い土があると聞いたときは、バケツとスコップを持って掘りに行ったこともあります。そのときはこれで粘土の授業ができると夢中になって掘っていたのですが、やがて足元の土がドサッと崩れて首まで埋まってしまい、その土地の持ち主にずいぶんと怒られ、うなだれて帰る始末でした。

しばらくして、子どもの一人が同じように粘土を掘って埋まったと聞き、「あんたもか。先生もだよ」と言って笑い合いました。

英語の授業では教科書がなかったので、アメリカのデパート、シアーズのカタログを軍からもらい、それを一ページずつ子どもに渡して訳させました。辞書が手に入ったときは、子どもたちに数ページずつ分けて渡し、覚えたら交換し合って使うのです。アメリカのカタログは色がとてもきれいでしたから、英語の授業で必要なくなったカタログをハサミで細かく切り、糊づけして貼り絵を描いたりもしました。

物やお金のない時代に、何を使って子どもの力を伸ばすかは、教師の想像力にかかっています。私はいつも、捨てるものがあれば授業に使えないかと頭をめぐらしていました。失敗だらけではありましたが、あの頃は何もないところからつくり出す経験をたくさんしました。そうしたやり方は、子どもたちの想像力を広げることに役立ったのではないかと思います。

想像力と工夫する力があれば
どんなときも
明るく生きられます。

バカになればいいじゃない

「先生、私、高校に行きたい」

自分からそう言ってきたのは、勉強熱心な「さだこ」です。彼女の両親は知的障がい者で、母親のほうは行方知れずでしたから、苦労しながら生活していました。

「意欲のある子ですから、ぜひ進学させましょう。この子が卒業するまで私の家で預かり、生活費も学費も面倒みますから」

私はさだこの世話をしていた伯母さんにお願いに行きましたが、先方は許してくれませんでした。伯母さんは自分の子どもを大学に行かせようと、商売をがんばっていました。

もしも、さだこが進学せずに軍作業に就くと、月三〇ドルは得られる、大学に子どもを行かせられる、というのが伯母さんの計算でした。

伯母さんは、さだこを高校に行かせたいのなら、自分に毎月三〇ドルよこせと言ってきましたが、それは無理な話でした。なぜなら私の給料は二五ドル。夫の給料は袋のまま姑に渡していたので、手元には残りません。そう言って断ると、それなら残りは借金して払えと言います。

「人から借りるなんてとんでもない。おまえが働いた金なんだから五ドルは自分でとって、残りの二〇ドルを渡しなさい」

そう夫に言われ、私はさだこの伯母さんに給料明細を見せて交渉し、毎月二〇ドルを給料袋ごと渡すようにしました。

残った五ドルで、私たち家族と家に預かった生徒たちの生活費をやりくりするのは実に大変でした。姑が夫の給料から出してくれることはなかったし、戦後のことで貯金もなく、その日のお米代に困ったことも数えきれません。つけで食材を買ったものの支払いが追いつかず、頭を下げて待ってもらうこともありました。

でも、どうにもならないときこそ、人は知恵が働くものです。学校の事務員さんに相談して、夫の給料から光熱費や税金などをできる限り天引きしてもらって、なんとか窮状を乗り切りました。

当時の子どもには、豚の餌やりや草刈りなど家の仕事もあったので、そのとき預かっている子ども全員が毎日わが家にいたわけではありません。でも、出たり入ったりしながらも常に五、六人いましたから、

「よその子どもにお金を使うくらいなら、自分たちにくれ」

と、姑や小姑から嫌みを言われることもたびたびでした。

「そこまで生徒に入れ込むのは、バカのやることよ」

事情を知る親しい友人からも呆れられましたが、

「そうよ、バカになれればいいじゃない」

そのたびに私は笑ってごまかしていました。

しかし本当は、そうせざるを得ない、ある理由があったのです。そのことについて

は後で詳しくお話しますが、私にとって「教師」という仕事は、戦争時代に負った傷を埋める唯一のものでした。だから、勉強したいのにできない、不遇な環境に置かれた子どもたちをみると、私が助けなければと衝動的に動いてしまうのです。それに、実際のところ、進学させた子どもたちが与えてくれる喜びは大きなものでした。

スポーツを得意とした前原高校や興南高校、農業や園芸を教える農林学校、私立の中央高校など、子どもたちが通う学校がそれぞれ違っていた上に、夫が各学校のＰＴＡ役員も務めていたので、

「安田さんの家にはあっちにもこっちにも子どもがいる。愛人の子どもだろうか？」

などといらぬ噂を立てられて困ったこともありますが、みんな勉強したくて選んだ学校だったので、帰ってくるといつもあんなことがあった、こんなことがあったと嬉々として話してくれました。

この喜びは決して人からは与えられない、自分が体験することでしか得られない喜びです。そんな彼らの話を直接聞くことで、私は多くのことを学びました。

今度は自分が役に立ちたい

さだこは高校卒業後、琉球大学に入りました。伯母さんへの支払いは彼女が大学を卒業し、就職するまで続きましたが、私はこのことを長い間さだこに伝えていませんでした。もし知ってしまったら、学校をやめてしまうだろうと思ったのです。

「子どもの頃、どうして先生は伯母さんに呼ばれていたんですか？」

教師を定年退職し、さだこがお祝いに来てくれたとき、彼女がふと思い出したようにたずねました。さだこの伯母さんは給料日になると学校に来て、校舎の裏で私から二〇ドルを集金していたのです。私はそのとき、初めて当時の事情を話しました。

「長い間、そんなに苦労をかけていたのに、何にも知らずにいて、先生ごめんね」

彼女は肩を震わせて泣きました。

それからしばらくして、さだこは那覇の新都心にワンルームマンションを一棟買ったと報告に来ました。近くには大学や予備校があり、学生が通うのに地の利のいい場所です。お金のない学生たちに一万円で部屋を貸すために購入したのだそうです。

自分は困ったときに、人に助けられて勉強できた。今度は自分が誰かの役に立ちたい、というのがその理由でした。きっとこれから、彼女は学生たちから楽しい話をたくさん聞いて胸を躍らせるのです。私がそうだったのですから、間違いありません。

さだこを支援していた時期は本当に家計が苦しく、お米代だけでも両親に助けてもらおうかと何度も頭をよぎりましたが、私はそうしませんでした。

その理由は、父の言葉にあります。

「未知子、人を助けたいなら強くなりなさい。人の一〇倍がんばれよ」

私は人の一〇倍がんばっていない。きっとまだがんばれるはずだと、この言葉を頼りに踏ん張ったのです。

困ったときに
誰かに助けられた人は、
誰かのために役立ちたいと
思うものなのです。

第2章
みんな一人じゃないんだよ

人生は悪いことばかりじゃないよ

今でこそ元気に暮らしていますが、二七歳から五七歳までの三〇年間は大病の連続で、もうこれで終わりかと覚悟することが何度もありました。終戦直前、山原《やんばる》でマラリアにかかったので、その影響があったのかもしれません。

学校を長期間休むことも何度かあり、その度に生徒や他の先生たちに迷惑をかけることになりました。学校に退職願いを出したこともありますが、戦後のことでまだ教師の数が少なく、受けつけてもらえなかったのです。

しかし、代用教員も少なかったので、一日も早く学校に戻らないと生徒の勉強が遅れてしまいます。私は病に伏せるたびに焦りが募りました。

病気のはじまりは四〇度の熱でした。来る日も来る日も高熱が続いたまま、一向に下がらないのです。病院に行きましたが、医者もその正体がわからなかったようで、診断書には「不明熱」と書かれていました。

結局、家で寝ているより他に手立てがありませんでした。全身が熱くほてり、頭は常にぼーっとした状態で、意識はもうろうとしています。ときどき、私の子どもや預かっていた生徒がやって来て井戸から水を汲んできたり、冷たい水を額にかけたり、頭の下に敷いたタオルを取り替えたり、かいがいしく世話をしてくれました。

子どもたちが私の世話にあきてからは、隣近所のおばさんたちが交代で面倒をみてくれて、なんとか起き上がれるまでに一年ほどかかりました。

寝ている間、私は何ひとつ自分でできませんでした。学校に行けないのはもちろん、子どもの世話や預かった生徒たちの勉強、家事一切を夫や母、近所の人たちに頼るしかなく、ありがたいのと情けないので涙がぽろぽろこぼれることもありました。

そんなとき夫は、「裏を見せ、表を見せて散るもみじ」と良寛の歌を口ずさみながら、人生は悪いことばかりじゃないよ、次はきっといいことがあるからと慰めてくれました。

ようやく熱が下がり、学校に復帰してからしばらく経ったときのこと。

今度は、突然からだ中に電流が走ったようなしびれが起こり、失神してしまいます。そのときは「リウマチ」と診断され、この治療では一〇年間、病院に通いました。

その間に医者は薬をどんどん増やし、最初は一日二錠だったのが四錠になり、六錠になり、一〇年経ったときには八二錠になって、病院で渡される一週間分の薬で大きな袋がぱんぱんになっていました。まさに薬漬けの日々で、食欲はなく、体重も三四キロまで落ちました。

リウマチの原因はストレスとも膠原病《こうげんびょう》とも言われましたが、本当のことはわかりません。ただ、あの頃は医者の言葉をまったく疑わず、言われるままに薬を飲んでいましたが、よくなるどころか肝臓、腎臓、脾臓、胃と次々に内臓をやられ、どこかが悪くなるとまた薬が増える、その繰り返しだったのです。

ある日、医者が近くのベッドの寝たきりの人を顎で指して言いました。

「あの人は心臓が悪くて寝たきりになったんだ。あんたももうすぐこうなるよ」

まるで双六《すごろく》を動かすようなその口調には、誠実さのかけらもありませんでした。

私はこんな人間を信じて一〇年間も薬を飲み続けてきたのかと、腹立たしい思いが頂点に達し、その勢いでもらった薬を全部投げつけて帰ってきました。

それ以来、この病院には一度も行っていません。残っていた薬もすべて土に埋めてしまいました。しかしその一方で、長い間のみ続けた薬を突然やめるには勇気がいりました。とくにその頃はからだのあちこちが壊れて始終具合が悪く、爆弾を抱えているような状態だったのです。

まさに、後ろは断崖絶壁。ここであきらめたら終わりなのだから、前に進むしかありません。これから何を頼りにからだを保てばいいのか、私にはまったくわかりませんでしたが、どのみちこの一〇年間、生きた心地はなかったのですから、死んでもともと。「息が止まるところが、私の寿命だ」と、むしろ清々しい気持ちになりました。

マニキュアをありがとう

長い間、病気と共に歩み、苦しいことも多かったのですが、病気のおかけでたくさんのやさしさにもふれました。よく思い出すのは、赴任していた中学校の隣に住んでいた知的障がい児の「きよひさ君」です。

彼が生徒だった頃はリウマチが一番ひどかった時期で、左手の関節が腫れて指が曲がり、手先まで血が通わないので、いつも爪が膿んでいました。左腕全体にはブツブツが出てかゆくてたまらず、かきむしったあとは小さな点々のシミになって広がっています。

「お母さんの左腕は、銀河鉄道みたいだね」

子どもは無邪気にシミをなぞり、架空の列車を走らせるのですが、私は恥ずかしくてなりません。夏でも長袖を着て、袖先を引っ張って左手を隠していました。力も入らず、何も持てないただの不格好な飾りだったのです。

リウマチの薬の影響で肝臓まで悪くなっていたようで、目の下にもブツブツができていました。顔は隠しようがないのでつらかったけれど、これもからだの悪いものが出てきた証しと、自分に言い聞かせていました。

あの日私は、具合が悪くなって保健室で休んでいました。疲れもあって熟睡していたのですが、ふと目が覚めて自分の左手を見ると、なんとマニキュアが塗られていました。それも親指は赤、人差し指はオレンジ、中指はピンクと、一つひとつの爪に違う色が塗られているのです。これにはびっくりしました。

私の爪を塗った〝犯人〟は、きよひさ君でした。

保健室にやって来た彼は、眠り込んでいる私の爪が紫色に変色しているのを見て、驚いたのでしょう。私の左手を取って指をマッサージし、終わると走って家に戻り、お母さんのマニキュアを持ってきて私の爪に塗ったのだそうです。

「きよひさ君がマッサージして爪をきれいに塗ってくれたから、安田先生は元気になったよ」

保健の先生が声をかけると、きよひさ君はベッドの横でニコニコ笑っていました。色とりどりの私の指を見て驚いた校長先生は、早く消すように叱りましたが、私はマニキュアを落としませんでした。病気でつらいことばかりでしたが、こんなこともあるんだなとうれしかったのです。

きよひさ君のお母さんは米国軍人が通うスナックに勤めていました。おそらく彼は、夜遅くに疲れて帰ってくるお母さんの手を毎晩マッサージして労っていたのでしょう。今でもマニキュアを塗ると、そんなきよひさ君のニコニコ顔を思い出して、胸がじんと熱くなります。

つらいこと、
苦しいこともあるけれど、
そんなときだからこそ
出合えるやさしさもあります。

原因がわかれば、よくなる方へいける

「笑っていると福が来るよ。〝笑い福い〟の精神で行こう」

沖縄の人はよくこう言います。「笑う門には福来る」など、同じ意味のことわざが日本各地にあるのは、それが真実だからです。

どんな状況にいても笑顔が幸せを引き寄せます。私の生徒だった「えっちゃん」は、そのことを証明してくれた一人です。

中学一年生の担任を務めることになり、小学校から上がってくる子どもの資料を見ると、私のクラスに心臓の悪い子どもが五人も集められていました。そのうちの一人は手術したばかりです。この少し前、私自身も心臓発作で倒れて、不整脈を抱えていました。もし私が再び倒れたら、誰がこの子たちを守るのでしょうか。校長先生にそう詰め寄ると、こう言われてしまったのです。

「心臓の病気をしたあなただからこそ、この子たちの気持ちがわかるでしょう」

クラスには障がいのある子どももいました。小学校一年のときからずっと特殊学級に入れられていた、えっちゃんです。彼女の資料には「おし（ろう者）」と書かれていて、しゃべれない、耳も聞こえないとのことでした。

私の中学校には特殊学級がなかったので、これを機に導入されることになりました。同時に特殊学級に協力する「親学級」も割り当てられ、その子の状態がいいときは親学級で普通クラスの生徒と一緒に勉強します。私はえっちゃんの親学級の担任となり、彼女をクラスに迎えました。

えっちゃんの顔には、ほとんど表情がありませんでした。何年も顔の筋肉を動かしていなかったらしく、話しかけても「はい」「いいえ」も言わず、ただ一点を見つめるばかりです。生徒たちは最初、オバケみたいだと怖がりました。

私はなんとか彼女の表情をほぐしたくて、「たくや」の隣の席に座らせて、面倒を見てあげてほしいとお願いしました。たくやはハンサムでやさしいうえ、クラブ活動では野球のピッチャーを務める一番の人気者です。女子生徒たちからは、

「なんでたくやの隣なの？」

と文句が出ましたが、

「かっこいい男の子の隣に座ったら、いつかえっちゃんも笑うかもしれんよ。みんな協力しようよ」

と言って納得してもらいました。たくやはえっちゃんにやさしく接してくれました。最初の頃、えっちゃんに話しかけるときは、肩をトントンと叩いてこちらに向いてもらい、ゆっくり口を動かして会話をしていましたが、もしかしたら聞こえているんじゃないかと思われる反応が何度もありました。

そこでいろいろなテストを試したところ、えっちゃんの聴覚はしっかりしているこ

とがわかりました。私は彼女をずっと親学級に置いて指導することにしました。

聴覚があるのに聞こえないと思われてきたことや、顔の表情が固まってしまったことには、何か理由があるはずでした。それがわかれば、彼女が笑顔を見せるかもしれないし、学力を伸ばして将来自立できる方法を見つけられるかもしれません。

私はえっちゃんに、友だちをつくろうと思いました。家で預かった子どもたちも、友だちと一緒にがんばることで学力が伸びていったことを思い出したからです。

そこで、同じ名前を持つ、穏やかでやさしい「えつこさん」に、いつも二人で行動するようにお願いしました。すると、ふだんの行動はえっちゃんのほうが早く、何でも率先してやることがわかりました。おっとりしたえつこさんが、しゃきしゃき動くえっちゃんのあとを追うようになったのです。

私のクラスにはもう一人、難病にかかった男の子がいました。骨がもろく、手がどこかに当たるとすぐに折れてしまうので、いつも見ていなければなりませんでしたから、たくやとえつこさんが彼女の面倒をみてくれて本当に助かりました。

「元気な人にはわからないけれど、病気や障がいがあると、痛いときやつらいときもあるんだよ。一年九組にはみんなのお世話が必要な人がたくさんいます。みんなはお互いを思いやるとてもいい機会をもらったんだよ」

私は最初にこう述べただけでしたが、生徒たちは想像以上に相手を気づかえるやさしい子ばかりでした。そんなクラスの中で、えっちゃんは少しずつ明るくなりました。

小学生のときは特殊学級で基礎的な勉強をしていなかったため、成績はよくありませんでしたが、クラスのみんなについていこうとする根気がありました。

声が聞けて、先生はうれしいよ

二年生の終わり頃のことです。職員室の席に座っていると、外から私を呼ぶ声がします。見ると、窓の外からえつこさんがちょこんと顔を出していました。

「えっちゃんが、先生とおしゃべりしたいって」

まさか、えっちゃんが？　耳を疑いながらも急いで窓際に行くと、えっちゃんは口元にポスターをメガホンのように丸めて待っていました。私がポスターのこちら側に耳を当てると、こしょこしょと小さな声が聞こえます。

「先生、えっちゃん、練習したんだよ。ちゃんと聞いてあげてね」

もう一度お願いして耳を澄ませると、何を言っているのかはわかりませんでしたが、たしかにえっちゃんの声でした。それからも彼女は練習を重ね、三年生になった頃にはポスターがなくてもしゃべれるようになっていました。

「今日は法事に行くから、先生、一緒に来て」

ある日、えっちゃんがお願いにきました。言葉がつっかかりながらも、なんとか伝えようとする彼女の誘いを断りたくなくて、ついていったことがあります。私はそこで、初めてえっちゃんのお父さんに会いました。年老いた人で、お母さんが若かっただけに、最初はおじいさんかと思ったほどです。気の短い人のようで、ちょっとしたことで怒鳴り散らすので、えっちゃんとお母さんは常にびくびくしていました。

私は彼女の表情が固まり、声が出せなかった理由がようやくわかりました。あとでお母さんに聞いてみると、えっちゃんは赤ちゃんの頃から怒鳴られ、殴られ、萎縮しきって育っていました。しゃべれないことでまた父親の怒りを買い、悪循環の繰り返しだったのです。お母さん自身も「こんな子どもを産んで」と罵られて縮こまり、生活費ももらえず、近所の農作業を手伝って細々と暮らしているようでした。

私はこのとき、「どんなことにも原因がある」と実感しました。今見えていることだけで判断しないで、なぜそうなっているかを根気よく探していくと、よくなる方法がきっと見つかると思うのです。

後に、えっちゃんは自ら望んで高校に進学。書道で才能を発揮し、コンクールで入選を果たしました。そして、卒業後は教会の電話受付の仕事に就きました。

聞こえない、しゃべれない、ろう者だと思われていたけれど、友だちができて、次第に声と笑顔を取り戻し、自活できる道を見つけたのです。このことは私に教師としての自信を与えてくれました。

見えていることだけで決めつけずに、
原因を探していけば、
よくなる方法がきっと見つかります。

このからだが食事で救われました

私のからだは、「次は心臓に来るぞ」と医者に宣告されていたとおり、動機やめまいが激しくなり、唇や爪が紫色になるチアノーゼの症状も出てきました。

授業中に発作が起きたことも一度や二度ではなかったため、万が一に備えて首からニトログリセリンを下げていたこともあれば、市販の薬を飲んでいた時期もあります。

病気を早く治そうと躍起になると焦りが生まれてくるので、じっくりつきあっていくつもりで、体操したり瞑想したり、とにかくからだにいいと言われたことは取り入れ、痛みのあるところはトントン叩いたり、さすったりしてしのぎました。

病院に行かなくなってしばらく経ったある日、私は「おっとさん」の夢を見ました。

おっとさんは、私が幼い頃、家の近くの寺にいつも座っていた女性の浮浪者です。母は毎日おっとさんにおにぎりをつくっていましたので、それを私が「はいどうぞ」と渡すのが日課でした。そのおっとさんが夢枕に立って、

「みーちゃん。大きな病院で全身検査しなさい」

と言ったのです。三〇年近く思い出したこともなかったのに、どうしてそんな夢を見たのか不思議でした。そこで、言われたとおり大学病院で検査してもらったところがんが見つかったのです。

このとき私は、「がん」という病名を初めて耳にしました。今のように情報が手に入りやすい時代ではなかったので、恐ろしい病気であることなどまったく想像できずに、父に軽くたずねてみたのです。

「がんって何？　どうやったら治るのかな」

「未知子、がんは医者では治せない。自分で治すしかないんだよ」

父は厳しい表情で答えました。そして、こうも言いました。

「鉛筆と手帳を持って車に乗り、沖縄の一番南から一番北まで走らせなさい。途中、村を通りかかったら必ず車を降りて、九〇歳以上のおじいやおばあを捕まえて、『難しい病気はどうしたら治りますか？』と聞いてくるんだ」

私は父に言われたとおりに車を走らせ、おじいさんやおばあさんに聞いて回りました。そうしてわかったことは、元気なお年寄りはみんな薬草を食べているということでした。

はっきりとしたがんの治し方はわかりませんでしたが、ヒントをつかんだような気がしました。以前、知り合いからハーブで病気が治ると聞いたことがあったからです。

沖縄の草で健康を取り戻す

弟に連れられて行った東京の小さなハーブ店は、天井からたくさんのドライハーブを吊り下げていて、何とも言えないいい香りに包まれていました。こんなに癒やされる香りがあるのだろうかと、目を閉じて深呼吸したくらいです。

それ以来、休みの日を使って数カ月に一度、この店にハーブを買いに行き、薬効、取り入れ方、煎じ方などを学びました。ところが何回か通っているうちに、ここにあるハーブのいくつかは、沖縄の薬草と同じであることに気がつきました。その店ではハーブを海外から仕入れていたので、それまでは考えもしなかったのですが、同じようなかたち、同じような香りの草は沖縄にもあったのです。

われながらおかしな話なのですが、最初は沖縄のお年寄りに薬草の滋養力を教えてもらい、もっと知りたくなってハーブを求めて東京に通うようになりました。そして、めぐりめぐって、ようやくすばらしい沖縄の薬草に行き着いたのです。

私はこのとき、「沖縄の草で健康になってやる」と決意しました。昔の沖縄の人はこの草で一〇〇歳まで生きたのだから、私の病気も絶対に治ると信じて疑いませんでした。それからは、ウイキョウやヨモギ、ウコン、クミスクチンなど、いろいろな薬草を自分で育て、お年寄りを見つけては、さまざまな民間療法を聞いて回りました。

また、琉球宮廷料理の講師をしていた母とともに、毎日の食事を薬膳風にアレンジしながら、それぞれの薬草や食べものが自分のからだにどう効くのか、症状と照らし合わせて検証するようになりました。

それですべてが解決するわけではありませんでしたが、どのみち長年かけて病気になったからだは時間をかけないと治らないのです。そう腹をくってからは、気持ちが楽になりました。ときどきは痛みや疲れに悩まされ、学校を長く休むこともありましたが、体調は少しずつよくなりました。

やがて顔や腕に出ていたできものが消えはじめ、五、六年経った頃にはがんがきれいになくなりました。数カ月ごとに大学病院で定期検査だけは受けていましたので、担当医は何も治療していないのにがんが消えたことを不思議がっていました。

母とともに食事を検証し、自分のからだに一番合っていると感じたのは、ヨモギやクワの芽など何種類かの薬草を入れて炊いたおじやです。病状が悪いときは量も食べられないので、胃にやさしく、薬効もあるこのメニューが助けてくれました。今でも体調を崩したときの食事は薬草おじやと決めています。

からだが弱ったときでも、「これなら食べられる」というものを見つけておくと、心強いです。病気をすると食べられない、食べられなければ体力が落ちて不安になる。そうした気持ちの悪循環を断ち切ることにも役立ちます。

このような、不調や不安を乗り切るコツも、長年の病気とのつきあいのなかで学びました。しかし、病《やまい》はしつこいもので、ひとつ治ると、またひとつ顔を出します。最初のがんが完治したあと、胃、すい臓、脾臓を患いました。あまりに続くものだからもう驚きもせず、うけ入れる覚悟ができていたのでしょう。定期検査で新たながんを宣告されてもこれといった治療はうけず、もはや薬に頼ることもありませんでした。

病院は調べるところ、医者は調べる人、自分のからだは研究所。こう割り切って、前のがんのときと同じように、薬草茶を飲み、母に助けてもらって食事を工夫しながら、からだを保つようにしていました。

人をよく見て、話を聞いて、
自分で試す。
まわりの知恵を借りて、
自分の力にしていくといいのです。

何十年も経って逢えました

一〇年ほど前、出先でこちらをじっと見る男性がいました。こんなおばあさんをストーカーするなんてどんな人かと見返すと、その人は走り寄ってきました。

「安田先生ですよね？　ぼくは昔、先生のクラスにいました」

彼はかつての教え子、「たか」でした。学校で会ったのはたった一回でしたが、長い間忘れたことのない生徒でした。


中学校に赴任して、三年一組の授業に行った最初の日。

教室の一番前に、金髪の生徒がいました。服はアロハシャツにステテコ、おまけに下駄履きです。この見るからに悪そうな少年が、たかでした。

彼は教師たちの間で問題児として話題になっていたので、名前だけは知っていましたが会うのはこの日が初めてです。

その日、たかは授業中に用があると言い、席を立って帰ろうとしました。私が教室から出るなと叱っても、くちゃくちゃとガムを噛みながら、のらりくらりと出ていこうとします。

「それなら帰れ！」

カッとなった私はわれを忘れ、追いかけていって彼を投げ飛ばしました。若い頃、武道の覚えがあったうえ、指導は中途半端ではいけないと思うあまり、つい手が出てしまったのです。

「教師ならば、どんなに怒っていても、小さな声で、きれいな言葉で教えなさい」

すぐに言葉や行動が荒ぶる私を母はこう言ってたしなめましたが、その教えを思い出すのはいつもやってしまってからです。この、たかとの一悶着も後々まで響くことになりました。

たかが帰った日の午後、授業中にどこからか車のクラクションが鳴り響きました。窓の外を見ると、派手な車が三台、運動場を走り回って、もうもうと砂ぼこりを上げています。

校長先生によれば、彼らはちんぴらで、運動場を荒らすだけでなく、駐車場に停めてあった先生たちの車を傷つけ、パンクさせ、さんざん悪さをはたらいたとのことでした。暴力団事務所に入り浸っているたかの連れが、私に仕返しに来たといいます。

「それなら事務所に行って、詫びてきます」

校長先生にそう言い切って学校を出たものの、その事務所は警察も恐れて近寄らないといわれる場所です。心臓がドキドキ波打ちましたが、もうあとには引けませんでした。

私は事務所に入ってすぐに土下座しました。以前、暴力団に詫びを入れるときは、相手より低い位置から見上げろと、知り合いから教えられたことを思い出したのです。目の前には仁王立ちしている組員たち、そして中央には組長がでんと座っています。私は頭を下げたまま、たかを投げ飛ばした理由を話し、悪いところがあれば謝るが、まずは運動場から車を引き上げてほしいと頼みました。

組長は私の話を最後まで聞くと、脇に立っている男たちをジロリとにらみ、

「今すぐ車を止めてこい」

と命令しました。からだから一気に力がぬけていくようでした。

私が礼を言って立ち上がり、出口に向かったそのとき、

「姉さん、ちょっと待ちな」

と、後ろから呼び止められました。振り向くと組長が木刀を持って立っています。

その一瞬、私は殴られるのを覚悟しました。しかし組長は、

「バカどもがまた来たら、これで殴りな」

と言って、木刀を持たせてくれたのでした。

その後、たかは卒業するまで一度も登校しませんでした。当時は子どもが香港に売

られたり、だまされて働かされたり、物騒な事件が多かったですから、私は彼が出入りしそうなところをあちこち探しに行きましたが、見つけることができませんでした。

「先生、たかは殺されているか、売られているかだよ。最近は組の事務所でも見かけたことがないんだもの」

あるとき、たかとつるんでいた仲間にこう言われて言葉を失いました。あの日、追い返したりせずに、母の教えの通り、やさしく諭すことができたら、こんなことにはならなかったのに。ごめんね……私はたかに手を合わせました。

それから四〇年近く経って、私はたかに声をかけられたのですから、どれだけ驚いたかわかりません。生きていてくれたかと、ただありがたいばかりです。

あれから彼は、親戚の伯父さんに離島に連れて行かれ、護岸工事の仕事に就いたそうです。沖縄には、両親がいない場合や子どもを育てられないときは、

「一人《ちゅい》たれいだれい」と口にして、親戚が面倒を見る風習があります。これは、

「一人でできないことは、みんなで補い合えばいいさ」

という意味です。たかの父親は、救済（生活保護）のお金も飲み代に消えるほどの飲んだくれでした。たか本人も悪さをし放題だったので、見かねた伯父さんが「このままでは人間にならない」と離島に連れて行き、暴力団と縁を切らせたのです。

それにしても、たかとはたった一度学校で会っただけなのに、よくぞ私のことを覚えてくれていたものです。そう彼に言うと、

「だって、先生。『一人で事務所にくるなんてすごい姉さんだ』と評判だったもの」

と、言われて恥ずかしくなりました。

助け合ってこそ、生きる意味がある

私の教えた生徒の中にはもう一人、手のつけられない不良だったのに立派に更正した子どもがいます。「たいじ」というこの少年は、シンナーをコーラの瓶に入れて吸い、ふらふらになっては暴れ、母親にひどい暴力をふるっていました。叩いたり蹴ったり扇風機を投げつけたりして、本人が疲れきるまでおさまらないのです。

私はなんとかやめさせようと、たいじを捕まえて何度も話をしましたが、まるで伝わる手応えがなく、どうしたらいいかわからずにいました。ところがそうこうしているうちに、彼はシンナーを吸いながら、もうろうとしたままビルの三階から飛び降りてしまったのです。すぐに病院に運ばれたものの助からなかったと聞いて、このときも教師としての力のなさを後々まで悔やんだものでした。

ところが、つい数年前のこと。私はたいじと再会を果たしました。ボランティアで関わっていたチャリティー会場で、「先生！」と車椅子で近づいて来た男性がたいじだったのです。

彼は沖縄の病院から他県の病院に送られ、そこで九死に一生を得ていました。足は動かなくなってしまったけれど、そのときからシンナーはきっぱりやめ、猛勉強して福祉の仕事に就いたのだそうです。

「先生、ぼくは生きられたよ。おかげさまで人間になったよ」

「そうだねえ、たいじ。先生もたくさん病気したけど、まだまだ役目が残っているから死ねないよ」

子どもの頃は、どんなに言葉を尽くしても伝えられなかったのに、このときは多くを語らずとも互いの言いたいことが理解できました。

たいじのように死ぬか生きるかのギリギリを経験すると、あるとき突然、本質的な生きる意味がすとんと腑に落ちることがあります。

私もその瀬戸際を戦争と病気で経験しましたから、彼が事故によって人として生きる意味を悟ったのだとわかりました。

「生きていくということは、人に借りをつくること。借りを返していくこと」

父は生前、生きることについて、よくこう言っていました。たいじもまた、父と同じ気持ちでいたから、福祉の仕事に就いたのだと思います。

生きていくということは、
人に借りをつくり、
借りを返していく、
そういうことです。

そこにいるのはわかっとる

非行に走る子どもたちの親のなかには、何もかもをあきらめて「よく生きる」ことを放棄している場合が多いようです。小さな頃からそんな中で育った子どもは、自分で人生の舵をとる術《すべ》を知りません。

仲間とたむろしてタバコを吸ったり、シンナーを吸ってふらふらしている生徒がいたら、私たち教師は叱り飛ばす前になぜそうなったのかを知らなければならないと、夫とよく話したものです。

だぶだぶしたラッパズボンを履いて、髪の毛を赤や金に染め、めだつ格好でだらだら歩く生徒たちに、私はいつもこう言いました。

ました。

「先生には、あんたがそこにいるのがわかっとるよ」
「はぁ？」とむきになって刃向かってくる生徒には、言いたいだけ言わせてうけ止めました。

彼らのだぶだぶのズボンをカミソリで切って捨てる先生もいましたが、私はそうした生徒に用意しておいた夫の運動服を着せ、捨てられたズボンをミシンで修繕して「だぶだぶしたのは家で履きなさい」と持たせました。
「先生、そんなことしたら示しがつかんでしょう！」

同僚の先生に文句を言われたこともありましたが、子どもたちを校則で縛ったからといって解決につながるわけではありません。なぜあんな目立つ格好をしたがるか、その訳を考えると、「自分はここにいるよ」と訴えているように私には思えたのです。
「見てもらいたい、聞いてもらいたい、受けとめてもらいたい」というのは、人であれば誰もが持っている欲求です。たとえ親にその役目ができなくても、身近な誰かがその欲求を満たしてあげられれば、彼らが迷うことは少ないのではないかと感じていました。

その点で他の先生方と意見が合わなかった私には、職員室が居心地悪く、時間があくといつも用務員室にいました。すると生徒たちがかわりばんこにやってきて、悩みを打ち明けてくれたり、「あそこであいつらが悪いことしているよ」などと、教えてくれることもありました。

しかし私はその用務員室で、「よしと」という生徒を鼻血が出るまで叩いて叱ったことがあります。よしとは家庭環境が複雑で寂しい思いをしていましたが、あるときから下級生をいじめたり、無理やりタバコを吸わせたり、酒を飲ませたりするようになったのです。

「なんで人を巻き添えにするか！　詫び（謝る）か、先生を殴り返すか、自分で決めなさい！」

「詫び！（ごめんなさい）」

私は生徒を「受けいれること」と、「間違ったことを正す」ことは同じように大切だと考えていました。

　よしとについては後日談があります。

　彼は高校に進学、卒業後は本土に渡って飛行機の整備士になりました。

　そして、ある日の放課後、たまたま盆休みで沖縄に帰ってきたからと、私を用務員室に訪ねてきたのです。おみやげに「生八つ橋」を持ってきましたが、二人で食べようと箱を開けるとカビが生えていました。

　よくよく話を聞くと、彼は数日前から用務員室をのぞいては、私がいないからと出直していました。その間、ずっと生八つ橋を持ち歩いていたそうなのです。

「先生、覚えとる？　先生はぼくを殴ったあと家に連れて行ってくれて、生八つ橋を食べさせてくれたでしょ。だから、これは先生が好きなお菓子なんだろうと思って」

「そんな昔のことをまだ覚えとったの？　先生、胸がいっぱいだよ。ありがとうね」

　厳しくしすぎて失敗することが多かったのですが、こんなにうれしいこともありました。

見て欲しい、聞いて欲しい、
受けいれて欲しい。
心の底では、誰もがこう思っています。
相手の気持ちがわからなくなったときは、
このことを思い出してください。

誰と出会うかで人生が変わる

夢を追いかけて、自分から進学したいと頼みにきた男の子がいました。

「とぐち」というこの少年は、職員室の窓の外でぴょんぴょん飛び跳ねながら、

「先生、ぼくを高校に推薦して」

と言うのです。どこに行きたいのかと聞くと、彼は興南高校と答えました。

興南はスポーツ中心の教育を行う高校で、それまでもたくさんのプロスポーツ選手を排出していた名門校です。

「だめだめ、あんたは年に八十日くらいしか出席してないじゃないの。そんなやる気のない生徒を誰が推薦するね」

私が追い返そうとすると、彼は話を聞いてと食い下がります。自分を受け入れてくれる先生が興南にいると言うのです。

とぐちは手のかかるやんちゃ坊主でした。短気ですぐにカッとなって、学校でも遊びにいった先でもケンカ、とにかく行く先々でもめごとを起こし、毎日ケンカに明け暮れていた子どもです。私は何かあるたびにげんこつを落としましたが、どうやったらこの子を落ち着かせられるか、ちっともわからないでいました。

そんな子をどうして預かる気になったのか、先生に聞きたくて会いに行くと、

「私にはこの子が必要です。どうか推薦をお願いします」

と先生までが私に頼みました。とぐちをプロボクサーに育てたいと言うのです。

「ぼくは具志堅用高みたいに強くなりたい。先生、お願い」

とぐちは真剣な顔をしていました。

こんな痩せっぽちでひょろひょろした子が、本当にボクサーになれるんだろうかと思いましたが、もしなれたならこの子の人生は大きく変わるはずです。

私は推薦状を書いて、彼は興南高校でボクサーへの道を歩みはじめました。

そして高校卒業後、すぐにプロボクサーとして名を馳せ、のちにフライ級王者となって、たくさんの賞を受賞したといいます。

中学時代、とぐちは私の手に負えなかったけれど、興南高校の先生は彼に夢を描かせ、実現へと導いてくださった。私はこれこそ教師の仕事だと思いました。

彼が有名になってずいぶん経ってからのこと。出先でたまたま沖縄に帰ってきていた彼と、偶然会ったことがあります。

昔のひょろひょろした姿は見る影もなく、がっしりして堂々としていました。

「先生、今も前みたいに生徒をポカスカやってるか？　だけどね、もうそれはやめたほうがいい。最近の子どもはナイフを出すから危険だよ。そんなときはぼくを呼んだらいいよ。ちゃんと指導するから」

「東京からあんたが助けに来るまで、先生、待てないよ」

こう言って笑いました。

「こうなりたい」
はっきりといく先が見えたとき、
人は力いっぱい走ります。

それぞれの夢、追いかけていこう

私は自分が受け持つ授業六十分のうち、十分間を必ず道徳の時間に割いて、生徒たちといろんな話をしました。どんな仕事をしたいか、どんな人になりたいかなど、将来についてよく聞いたものです。なかでも「夢」については、何度も話題にしました。

夢がもつ「人生を開いていく力」を信じていたからです。

「あんたの夢は、なんね？」

小学校教師のときも、中学校教師のときも、生徒たちに聞きました。

「わからん」と答える子には、「明日もう一回聞くから、考えてごらん」と促しました。

「夢は変わっていいんだよ。人は成長するんだから、明日違う夢を持っても、ちっともおかしいことはないの。将来どんなふうに生きたいかを考えるのは楽しいものだよ」

当時の沖縄の子どもの夢といえば、「本土に行きたい」「儲けたい」など、漠然としたものが多かったのですが、それも当然です。現代のようにテレビやインターネットもない時代、将来の具体的な姿を描くには見本が少なすぎました。

でも、なぜ本土に行きたいのか、お金を稼ぎたいのかを掘り下げて聞いていくと、お母さんに家を建ててあげたい、弟や妹を学校に通わせたい、お腹いっぱい食べたいと、切実な願いが顔を出します。

私の生徒だった「ふじこ」もそんな生徒でした。

ふじこは明るい性格で友だちみんなに好かれて、クラス委員を務めていましたが、家では弟たちの面倒もみなければならず、あまり学校にこられませんでした。私は夜、ふじこを家に連れてきて勉強の遅れを補っていましたが、そんなことをされては困ると彼女のお母さんに叱られたこともあります。それくらい生活が逼迫《ひっぱく》していたのです。

それでも彼女は勉強をあきらめず、高校に進学し、卒業後は働きながら夜間大学に通いました。あるとき、沖縄からアメリカに留学生を出すことになり、私はふじこを推薦し、彼女は数年間アメリカで学ぶことになりました。

ふじこはアメリカで暮らしている間、寂しかったのでしょう。彼女から毎週ハガキが届きましたが、その頃私は病気がひどく、返事を書くことができませんでした。

外国でたったひとり、心細い思いをしているだろうに……ごめんね。先生は今ペンも持てないよ。

私は布団の中でハガキを何度も読み返し、元気になって返事を書こう、そればかり思っていました。ホームシックになっていた彼女の便りに、私のほうが励まされていたのです。

ふじこはアメリカでアルバイトをして家に送金し、帰国してからは軍司令部に務めて家族を支えました。家を新しく建て、弟たちは大学まで出て、いい職業を得ました。

ふじこの弟は小さな頃から発想のユニークな子どもでした。発明家になりたくて、あゝでもないこうでもないと実験を繰り返していたといいます。

あるとき、花の栽培をしていて水が蒸発する様からひらめいた弟は、海から水を汲んできて塩を抽出する方法を思いつきました。古い扇風機を何台も並べて風を送り、壁の向こう側には傘をいくつも並べて水を飛ばし、傘に貼り付いた塩を採取したのです。この塩は「ぬちまーす」と名づけられ、のちにミネラル分を多く含む自然海塩としてギネスでも認められ、世界的に愛されることとなりました。

小さな頃から友だちと遊ぶ時間もなく働きづめだったふじこは、自分の夢は何か考えたことすらなかったかもしれません。だけど、家族がお腹いっぱい食べられますように、弟たちがしっかり勉強して、将来好きな道に進めますようにといつも願っていました。そして、ふじこの願いはかないました。

ふじこが卒業してから何十年も経っていますが、今でも会うたびに「えらかったね」「よくがんばったね」と、先生のときの気持ちに戻ります。強く思い描くことはやがて形になるのですね。

夢をいつも描いていましょう。
明日、その夢が違うものになってもいい。
描き続ける限り、希望はなくなりません。

今よりひとつ幸せになろう

「未知子、まだ先生《しんしー》してるか？　先生になると、学はあっても常識を知らない人になるから気をつけてよ。学問していろんな知識を身につけたら、みなに頭を下げて人の話をよく聞きなさいよ」

あるとき、首里に住んでいた祖母にこう言われました。先生と呼ばれて鼻を高々上げる人になったらこの世を生きにくい、と諭してくれたのです。

「おばあちゃん、そんな先生にはならないから心配いらないよ。だって私の生徒の親は子どもを育てるためにいつもがんばってる。えらい人ばかりだから、見ているだけで頭が下がるんだもの」

私はこう答えながら、「たかお」のお母さんを思い浮かべていました。

このお母さんは夫を交通事故で亡くし、五人の子どもたちとダンボールの中で暮らしていました。米軍基地で拾ってきたアメリカ製のダンボールは、大きくて厚みがありましたが、それでも雨が降ると内側に水が染み出し、まだ幼い子どもたちは不安になります。煮炊きもトイレも外ですませなければならず、不便な暮らしに違いはありません。

中学二年生だった長男のたかおは、私のクラスの生徒でした。窮状を知った私は、「救済（生活保護）の手続きをしましょう」とお母さんに提案しましたが、その場で断られてしまいました。

「救済だなんて簡単に言わないで。私は元気で働けるのだから、施しはいりません。自分の力で子どもたちを立派に育てて、先生みたいに大学に行かせてみせる」

たかおのお母さんは気丈な人でした。官費《かんぴ》（公的なお金）で補助を受けるのは恥だと思われていた時代ですから、彼女にとって「救済」は負けを意味していたのかもしれません。

私は空き家を探し、母子が住めるように家主に交渉しました。家具が一つもなかったので、拾ってきた厚いベニヤ板をまるく切って、ダンボール箱に載せてテーブルをつくり、なんとか暮らせる環境を整えました。

夜はバーで働いているお母さんは、朝方帰ると子どもたちにごはんを食べさせ、少し休んだあとは弁当屋のパートに行き、家に戻ったら子どもたちの夕飯をつくって、またバーに出勤していました。そうやって寝食を惜しんで子どもを育てていたのです。

「夜はお母さんがいないから、にいにい（兄）のあんたがこの家の責任者よ。弟妹たちにちゃんとごはん食べさせて、勉強も教えるんだよ」

こう言ったとき、たかおはまっすぐに私を見てうなずきました。まだまだ遊びたい年頃なのに、弟たちの面倒をよくみていたし、弟や妹たちも、幼いなりに家の仕事を手伝っていました。それは、お母さんの働きぶりをいつも目にしていたからだと思います。

夜、子どもたちの様子を見に行くと、五人はまるいベニヤ板を囲んでごはんを食べ、食事がすめばさっさと自分で流しに食器を運び、それぞれが洗いものをしたり、テーブルを拭いたりしていました。そのあとはみんなで教科書を出して、熱心に勉強です。下の子どもが眠くなってぐずり出すと、上の誰かが頭をなでたり、おんぶしたりして子ども同士であやすのです。そのひたむきな姿には目頭が熱くなりました。

こうした子どもたちのがんばりは、お母さんをさらに強くしたようです。

ある日、お母さんが訪ねてきて、

「私は学校を出ていないけど、ＰＴＡ役員はできるかね？」

と聞くのです。

「息子たちが、バーの女の子どもだといってバカにされるのが悔しい。だから先生、お願い。私に役員をさせてちょうだい」

お母さんはＰＴＡの副会長になって面倒な雑用を自ら引き受け、役員会があるたびに大きな鍋におじやをつくって、みんなに振る舞いました。明るく話し上手で、暗いことは一切言わない人だったので、二次会はいつもお母さんの店に移動して、遅くまでおしゃべりをしました。彼女は忙しくて、子どもから学校の話を聞く余裕はありませんでしたが、こうして他の父兄とつながることで、学校での様子を知るように努力していたのです。

お母さんは毎朝、軽自動車で子どもたちを学校に送ってきました。

そして校門で私と言葉を交わし、

「ほら、連れて来たよ。ここからは先生の出番だよ」

と、たかおを下ろしたら、今度は下の子を下ろしに小学校に向かうのです。

頭にタオルをはちまきみたいに巻いて、元気いっぱいのお母さんと話すたびに、「今日一日がんばろう」と私も気合いが入りました。

母子はたくさんの人に助けられ、やがてつらい環境を脱しました。

「志情《しなさき》のありわる人間《にんじん》いちかりる（愛のある世の中で人間は生きられる）」

私はたかおのお母さんを見るたびに、祖母がよく口にしたこの言葉を思い出したものです。たとえ恵まれた境遇にいなくても、いつも太陽にみたいに笑いながら、腹の底では「子どもたちを今より幸せにする」と強い意地をもって生きる母親の姿が、子どもたちを育んだのではないでしょうか

一〇年ほど前、出先でこのお母さんに偶然会ったことがあります。

「先生！」と駆け寄ってきたその姿に、懐かしさが込み上げ、私たちは手を取り合って思い出話に花を咲かせました。

「先生、私の子どもたちがどうなっているか聞きたいでしょう？　五人全員が大学を出て教師になったんだよ。私は中学しか出られなかったけど、にいにいがしっかり勉強して、弟妹たちの面倒を見てくれたの。先生のおかげだよ」

こう言ってくれて嬉しかったのですが、私はこう思っています。

「いいえ、お母さん。あなたの愛が強かったからだよ」

十分な環境がなくとも
志情《しなさき》（愛）のある世の中なら
人は生きられます。

ケガしてわかることがあるんだ

クリスチャンだった母と一緒に、小さい頃から教会に通った私にとって、神様はとても身近な存在です。そのうえ、沖縄にはいろんな神様がいますから、大きながじゅまるの木のたもとで祈ることは、今でも日課になっています。

子どもたちや病気のことなどで大変だったときも、祈ることで乗り越え、最後には感謝して受け入れることができたのも、信仰が支えてくれたと思っています。

ただ、目が見えなくなったときだけは、運命を受け入れるのに時間がかかりました。

私が四〇歳を迎える少し前のことでした。

その日は家にお客さんが見えて、コーヒーを飲みながらサイフォンの話でひとしきり盛り上がっていました。ところが、おしゃべりしているうちに目がかすみ、まわりがだんだん暗くなってきたのです。最初は雨でも降るのかなと思ったのですが、

「こんな晴れた日に雨なんか降らないよ。疲れているみたいだから、今日は寝たほうがいいよ」

お客さんはこう言い残して帰っていきました。

結婚以来、私は義母にずいぶん意地悪をされていました。昔のことですから、姑の嫁いびりなんて珍しいことではないのですが、家でやらねばならない仕事が多く、睡眠時間が極端に少なかったことはたしかでした。お客さんの言う通り、疲れているのかもしれないと、その日は早めに寝たのです。

ところが翌日、起きてみると、目の前のものがすべて見えなくなっていました。わが子の顔もぼんやりと雲がかかったようで、シルエットだけがうっすらと判別できるくらいにしか見えないのです。愕然としました。

それから二週間ほどは狂ったようになり、私ははじめて神様とケンカをしました。

「全力で生きてきたのに、どうしてこんなにひどい罰を受けねばなりませんか！」

毎夜、大声で怒鳴り、昼も夜も泣き明かしました。ずっと暗闇にいるのが恐ろしく、何も見えないくらいなら死んでしまおうかとも思いましたが、かわいい子どもたちが意地悪な姑に育てられるのかと思うと、死にきれませんでした。

結局、パニックが治まらず入院することになり、退院して気持ちが落ち着くまでに二カ月ほどかかったと思います。それからは、あちこちの眼科に行っては新しいメガネをつくり、七つ目のメガネをつくったとき、うっすらと見えるようになりました。

「未知子さん、そんな分厚いメガネをかけてどうしたの？」

内臓の定期検診に行ったとき、担当医に聞かれて事情を話すと、同じ病院で眼科医をしているという、先生のお姉さんに診てもらうようにすすめられ、その足で訪ねて行きました。ずいぶんとお年を召した、おばあちゃん先生でした。

「これは病気じゃない。ストレスだよ。いつも楽しいことを考えて、イライラしないようにしなさい。そうしたらきっと見えるようになるから」

私はその言葉にわれを取り戻した感じがしました。いろんな病気にかかったけれど、自分で治すと決めて快方に向かっているのだから、目だってなんとかできると思ったのです。それからは、座禅をしたり、起きたらすぐに太陽を拝んだり、ストレスを振り払うためにいろんなことをしました。

おばあちゃん先生に教えてもらった遠近法の訓練も一日五回やりました。手のひらに丸を書いておき、遠くの電信柱を見ながら二〇数え、次に手のひらの丸を見ながら二〇数えるというように、交互に見ることを数回行うのです。この訓練はよく効いたようで、少しずつ視力を取り戻していきました。

厳しさを持ち、その何倍もの愛で包もう

私が視力を失っていたのは八カ月ほどでしたが、あんなに恐ろしかったことはありません。私はこの経験から、二歳で聴力と視力を失ったヘレン・ケラーが身近に感じられ、サリバン先生はどうやって勉強を教えたのか不思議でなりませんでした。

その答えが知りたくて、自分の目が完治したあと、盲学校にボランティアに行ったことがあります。そこでは、教育者としてハッとさせられる場面が何度もありました。

その盲学校では、目の見えない子どもたちを外で歩かせる授業がありました。子どもたちが練習するのは舗装された道ではなく、大小の石がゴロゴロ転がり、水たまりや溝のある砂利道です。つまずいて転ぶ子もいます。

しかも公道だったので、大きなトラックがそばを通ることもあり、その練習に慣れない私は、はらはらしながら子どもたちのすぐ後ろをついて歩きました。

一度、前を歩く子どもが転びそうになったので思わず手で支えたのですが、先生に手をピシャッと叩かれ、「触らないでください！」と叱られてしまいました。

「支えなければ、この子はケガをするところだったんですよ」

「ケガをして、はじめて学ぶこともあるんです」

こんなやりとりのなか、私は彼女のことを鬼のような先生だなと思っていました。

だけど、練習がはじまって三カ月くらい経つと、子どもたちは転ぶどころか、

「未知子先生、そこは溝だよ。危ないよ」

と、逆に私に声をかけてくれるようになったのです。厳しかったけれど、たった三カ月の指導が、子どもたちの安全感覚を確実に育てていたのです。

あるとき、盲学校に併設された宿泊施設のほうに手伝いに行ったことがありますが、私はそこで見た先生方の姿に目を疑いました。

布団が敷き詰められた大きな部屋で、先生方は子ども一人ひとりを抱きしめ、寝つくまで「ねんねんころり」の子守歌を歌っていました。一人の子が寝ついたら次の子を、寝た子が起きたらまたその子をやさしく抱きしめます。

それは、昼間の厳しさがまるで嘘のように感じられる、愛情あふれる光景でした。厳しいだけではいけない。愛を基本に、厳しさとやさしさの両方を持ち合わせた教育こそが実を結ぶのだと、改めて気づかされたのでした。

愛をもとにした、
厳しさとやさしさが
子どもを育みます。

一人ひとりを見ていきたい

夫は教え子をまともな人間に育てようと、「学校がいやだ」「勉強がいやだ」と逃げまわる生徒たちを、腕ずくで教室に連れ戻す熱血教師でした。

「学校を卒業できんなら、勤めてもいちばん下っ端だぞ」

そう怒鳴りながらも、そんなこと絶対させてなるものかと躍起になっていましたが、卒業しても就職先を見つけられずに、ごろつきになってしまう子もいました。そのなかに暴力団の組員になった子がいたことで、彼は「教育に失敗した」と感じたようです。突然教師を辞めて造り酒屋をはじめると言い、周囲を驚かせました。

夫は、就職できなかった子どもたちに働く場所を用意し、彼らの居場所をつくってやりたかったのです。その切実な思いはよくわかっていましたが、この頃の私は病気で学校を休むことも多かったので、これからの生活費はどうするのか、造り酒屋の資金はどこから工面するのか、混乱するばかりです。

しかし夫ときたら、「金はどうにかなるよ」と楽天的なもので、すぐに教職を辞め、ただで土地を貸してくれる人を探しだし、資金もあちこちから集めてきました。

そして、卒業後に働き先がなくてぶらぶらしていた教え子たちをつかまえては雇い、蒸留塔を設置するための大きな穴を掘り、短期間のうちにほとんど手づくりで酒工場を完成させたのです。

それからは教え子たちを連れて酒造りを習いに行き、見よう見まねで仕事を覚えました。みんな呑兵衛だったことが幸いして、すぐに上等でおいしい酒を造れるようになり、泡盛、日本酒、ジュース、焼酎などを販売することになったのです。

けれど問題もありました。夫は売るのがまるで苦手だったのです。結局、「こんなことできないよ」とケンカしながらも、私があちこちの店を回っては、酒を仕入れてくれるように頭を下げなければなりませんでした。

その頃は入退院を繰り返している時期でもあり、今ふり返っても、どうやって生きていたかよく思い出せないくらいです。

数年後、事業がようやく安定した頃、私の病気の悪化を機に、造り酒屋はいとこに継いでもらいました。夫は決断がはやい人で、事業を譲ると決めたときも、一切迷いがなかったようです。彼はもともと、教え子たちの受け皿となる仕事をつくりたかったのですから、目的はとうにかなっていたのかもしれません。酒屋をしながらも気持ちは先生のままだったのだと思います。

二一世紀の教育に出会う

酒屋をやめたあと、夫は具志川《ぐしかわ》市の教育委員会に迎えられました。最後は教育長を務めましたが、このときも大胆さと行動力を発揮して市内の学校改革に着手しました。

「ものごとを大きく動かすときは、俯瞰で見るべきだ」

と、グライダーに乗って上空から市を眺め、この辺りには中学校がないからつくろう、この二つの学校は隣接しているから統合させようと、地図ではなく自分の目でたしかめてから統廃合を決断し、素早く実行しました。

モンテッソーリ教育と出合い、「これぞ二一世紀の教育だ」と確信したときも、すぐに東京に出向いて導入した学校や施設を視察してまわりました。この教育法は、イタリアのマリア・モンテッソーリによる、「一人ひとりの自主性を尊重して育てる」という考えに基づくもので、柔軟性のない日本の教育に疑問を抱いていた私たちは、これからの教育が向かうべき道を得たと感じていました。

夫はすぐに当時の防衛庁と文部省にかけ合って予算を引き出し、市内の多くの学校にモンテッソーリ教育を導入し、校舎を改築しました。三つほどの教室の壁を取り払い、広いオープンスペースをつくり、赤や黄色のカラフルな絨毯を敷いて、子どもたちが寝転がって本を読めるようにしたのです。

図書室の職員は本がなくなることを心配しましたが、夫はそのときは自分が買って補充するから大丈夫だと言ってなだめました。結局夫は、教育長を務めた一二年間に、二四校の小・中・高校をつくりました。目の前の小さな心配にとらわれることなく、大きな目標に向けてまっしぐらに進んだ人でした。

夫は六七歳で亡くなりました。

「ぼくは一〇〇年分の仕事をしたから、今日死んでも悔いはない」

と、よく言っていたくらいですから、心残りはなかったはずです。

モンテッソーリ教育の個別化指導に心を打たれた夫が、私に言ったことがあります。

「おまえはモンテッソーリを知らないうちから、たった一人で個別化指導をやってきた。ずいぶん先を行ってるね」

教育のあり方を模索し、生涯走り回った夫からのほめ言葉は胸に染みました。意見が違うときは一晩中議論し合うこともありましたが、いちばん理解し合えた仲間だったと思います。

目の前の小さな心配にとらわれず、
大きな目標をもって
まっしぐらに進んでいけば、
きっと悔いのない人生が送れます。

死んでる暇なんてありません

私の病気は五七歳のときに、すべて完治しました。定期検診を受けていた大学病院から、「健康」のお墨つきをもらったのです。

「大病を繰り返してきたのに、よく絶望しませんでしたね」

私はときどき、そう聞かれます。今でもがんは、やっぱり恐ろしい病気ですから、そう思われるのも無理はありません。ただ、私の場合は、ある不思議な体験により、自分はまだ死なないという確信がありました。だから、新たにがんを宣告されたときも「またですか?」と半ば呆れただけです。からだがしんどくなっても少し横になるくらいで、できるだけいつもと変わらないように暮らすことを心がけました。

そして、倒れたときは「今は休みなさい」と神様がおっしゃっているんだ、元気になったらまた学校に戻って教師の仕事をまっとうしようと考えるようになったのです。

最初のがんが完治したあと、私は八カ月ほどこんこんと眠り続けたことがあります。その間に目を覚ましたのは三回だけ。医者に見せても理由がわからず、家で寝ている以外どうすることもできなかったそうです。その間の詳しいことはわかりませんが、母がスープを飲ませたり、水を含ませたりして命をつないでくれたと聞いています。

一回目に目が覚めたときは、猛烈にそうめんが食べたくなり、お椀に一杯食べたところでまた眠り落ちてしまいました。二回目は、誰かに頬をピシャッと叩かれて、ハッと目が覚めました。本当に叩かれたのか夢だったのかはわかりませんが、そのうちにまた眠ってしまったそうです。三回目に目が覚める直前に見ていた夢では、自分のまわりにボタンの花がたくさん咲いていました。

それからまた眠り、いよいよ本当に目覚める直前、私はこんな夢を見ていました。

そこでは、きれいなアーチを描く赤い橋によって、この世とあの世がつながっていました。橋の下には清らかな川が流れ、これが三途の川だろうかと見とれたことを覚えています。橋向こうには、私の大好きだったおじいさんやおばさんなど、すでに亡くなった家族や知り合いがたくさんいて、こちらを見ていました。

おじいさんの左頬のアザまではっきり見えて、懐かしくなって近づいていくと、おじいさんは「こっちに来たらダメだ。あっちへ行け」と、シッシッと手で私を追いやるのです。そこで私は目が覚めました。

その直後、不思議な感覚が全身を走りました。私はまだ死ねないんだ、やらなきゃいけないことがたくさんあるんだという考えが、どこからかスッと降りてきたのです。

考えてみれば、戦争中は危ない目に何度もあいました。その後、いくつもの大病をしながらも生きてきたのです。たとえ死のうと思っても、そうそう死ねるものじゃありませんし、生きるとか死ぬとかで一喜一憂したり、恐れたりする必要はないのかもしれません。神様がお決めになる最期の日まで、精いっぱい生きればそれでいい。そう思えるようになりました。

生きている限り、
役目があるのです。
それが何かわからなくても、
目の前の人と手をつないでください。

第3章 いのちは一つしかないもの

自分は、この世にただ一人の大切な人

教師になって夢中で駆けずりまわるうちに、いつのまにか定年を迎えていました。現在は沖縄県うるま市にある介護老人保健施設「いずみ苑」の苑長として、利用者のお年寄り、その家族、若い職員たちなど、いろんな世代の人とかかわっています。

それでもやっぱり昔と同じように、人を楽しませたいし、何か思いついたら教えたい、導きたい。今でも教師でありたいと思っている自分がいることに、不思議な気持ちでいます。なぜなら、私は学校を卒業したあと、「教師」という仕事だけは避けていたのです。「私は教師になってはいけない」と、思いつめていた時期もありました。

その理由は私の戦争体験にあります。

沖縄戦がはじまった

ヘチマえりの制服に身を包み、沖縄県立第一高等女学校（一高女）に入学したのは、太平洋戦争がいよいよ厳しい局面を迎えていた一九四四年のことです。私は学校の先生になりたくて、一高女を卒業したら本土の女子高等師範学校に進むつもりでした。

しかし、数カ月もすると、普通科の授業はなくなり、武道やなぎなた、竹やりの使い方など、敵が目の前に現れたときの応戦術ばかりを教え込まれるようになりました。船が沈んだときに備えて、プールに無理やり入れられ、水泳の猛特訓を受けることもありました。私たちがそんな訓練に明け暮れているとき、アメリカでは原子爆弾をつくっていたなど知るよしもなかったのです。

やがて、学校ごとに軍部作業が割り当てられ、私たちは首里に近い高射砲陣地の構築に駆り出されました。当時はお国のために働くことが「勉強」でした。

この年の一〇月一〇日、大規模な空襲がありました。那覇市内の九〇パーセントを焼失させるほどひどいもので、今でも「十・十空襲」として語り継がれています。

このとき私は、同級生と一緒に那覇に向かう汽車に乗っていました。現在の沖縄にはモノレール以外の鉄道はありませんが、あの頃は「軽便鉄道」という簡易な列車が、那覇と嘉手納《かでな》の間を走っていたのです。

「空襲だ！」

突然の爆音とともに人々が騒ぎだし、列車を飛び降りて四方八方ちりぢりに逃げていきますが、私たちはどうすればいいかわかりません。列車が集中砲撃されるなど、考えもしなかったのです。

「そこの女学生、早く逃げんか！」

隣にいた日本兵が、走っている汽車の窓から、もたもたしている私たちをつかまえ、外に放り投げました。しばらくの間気絶していたようで、気がつくと二人とも畑の中にうつぶせになっていました。空からの射撃はまだ続いていて、まわりには弾を受けて死んでいく人もいます。私たちは恐ろしくて、何時間もそのままの姿勢で身動きできませんでした。

やがて陽がどっぷり暮れ、ほかの避難民について山の中に入ったものの、どこをどう歩けば家に帰れるのかわかりません。同じところをぐるぐる、ぐるぐる歩き回り、ようやく家族と会えたのは三日後のことでした。

それからしばらくして、上級生たちは「ひめゆり学徒隊」として軍とともに行動することになり、私たち下級生は家に帰されました。ところが二、三日あとになって、

「あなたは、校長のおそばつきに決まりました」

と、校長先生自身が私を連れ戻しに来たのです。

「これは、一緒に死ねる人だけにあげるものです」

校長は私に、ゴムの地下足袋を手渡しました。誰もが綿の地下足袋を履いていた時代ですから、特別な役割をいただいたようで誇らしかったことを覚えています。

思い返すと、一高女に入学してすぐに、校長は手旗信号やモールス信号の訓練を私に受けさせていました。最初からおそばつきにする心づもりがあったのだと思います。

その頃、那覇や首里の人は沖縄中部に、中部の人は北部や本土に疎開する人がたくさんいました。ですが、私たちの学校では「疎開するのは裏切り者だ」「今逃げていく者は国賊だ」と繰り返し聞かされ、サイパン玉砕の歌を毎朝歌わされるなど、決死隊の訓練が連日行われていました。私も友だち同士で、

「お国を守るため、天皇陛下のために死のう」

と、かたく誓い合っていたのです。

一三歳だった私は、学校で教わることはすべて正しいと思っていました。あの頃は多くの生徒が、戦争で命を失うのはあたりまえ、国のために死ぬのだから誇らしいと教えられ、生き残ったら恥だとさえ感じていました。

いのちを捨てることは、愛する人と二度と会えなくなるということ、生きていれば味わえる数々の幸せを失うこと。犠牲になるということは、この世でいちばん大切にしなければならない「自分」を殺してしまうことなのです。そんなあたりまえのことを心の底から理解したのは、戦争が終わってずいぶん経ってからでした。

いのちを捨てるということは、
愛する人と二度と会えなくなること、
生きていれば味わえるたくさんの幸せを
失ってしまうということを忘れないで。

「無知」という病気が戦争を連れてくる

私は教師を定年になるまで、「いのちを犠牲にしてはいけない」と生徒に言い続けてきました。戦争を体験した子どもにとっては、その言葉にからだを貫かれるような痛みを感じたでしょうし、むなしく響くだけということもあったかもしれません。だけど、今の子どもたちにはそれがどれほどの重みで届くだろうか、耳慣れた一文となってすり抜けていってしまわないかと心配です。

親となる世代でも、戦争がもたらす残酷さを物語のなかでしか知らないと思いますが、それでも大人は「いのち」について教えなければなりません。その尊さを知らないのは、「無知」という病気です。この病気が蔓延したとき、再び悲劇が起こります。

私は物ではありません

みなさんは、沖縄戦で第三二軍を指揮した司令官・牛島満中将（自決後、大将）をご存知でしょうか。その中将と校長との伝令係が私の主な仕事でした。

頭や背中にカムフラージュの草をつけて司令部まで這って行くと、運転手のおじさんはいつも、乾パンやコンペイトウをこっそり持たせて、「あんまーくーとぅ」と言いながら、指で私の額につばを三回つけました。これは沖縄に伝わるおまじないで、「この子が悪いものを見ませんように」との願いがかけられています。おじさんには、私がまだ小さな子どもに見えていたのでしょう。

校長の用事や伝令がないときは、従軍看護婦として動員された上級生たちと、負傷した人の手当てをすることもありました。戦争中は医薬品にも限りがあり、麻酔などは手に入らなかったので、現場はすさまじい状況です。軍医が負傷兵の胸に指を入れて弾を取り出すときは、あまりの痛さにだれもが「殺してくれ！」と叫びました。

いよいよ戦局が厳しくなると、私たちは軍とともに県南部へと進んでいきました。校長は移動するたびに、私たち女子生徒に「たこ壺防空壕」を掘るように命令しました。一メートルほど間隔をあけて、からだがすっぽり入る穴を掘るのです。

最初はなんのために掘るのかわからなかったので、校長に聞いてみると、

「万が一そこで死んだら、そのままお墓になるだろう」

と言われてゾッとしたことを覚えています。

たこ壺防空壕には通常一人ずつ入るのですが、一度、あまりに空襲が長くて穴の中で退屈してしまい、隣の穴にいる先輩と双方から小さなスコップで掘って、二人でくっついて座っていたら、校長にこっぴどく叱られました。

「今撃たれたら、死者が一人ですむところを、二人いっぺんに死ぬじゃないか。それでは国が損をするのがわからないのか」

その言葉に、自分たちが物として扱われているようで傷つきました。実際のところ、生徒は労働の道具として考えられていたのだと思います。

一高女の生徒は、一年生はおかっぱ、二年生は前髪をお皿のように丸く分けてピンでとめる、三年生はおさげ、四年生は三つ編み、というように、学年によって髪型が決められていました。これも顔が焼けただれて死んだときに、どこの誰かわからなくても、何年生の子か判別できるようにするためです。

学徒隊は「決死隊」、つまり死ぬ前提で出陣させられていました。

あるとき、空襲がはじまったので、友だちと小さな防空壕に隠れていると、

「おまえら、どけ！」

と私たちを追い出し、壕に座ったおじさんがいました。

驚いて顔を見ると、その人は私たちの学校の先生でした。いざとなると先生でもこうなるのかと憤りながら近くの溝に小さく身をかがめていると、先生が座っていたところに爆弾が落ちました。私たちは命拾いをしたのです。

そのときの空襲は本当にひどいもので、頭を吹き飛ばされたことに気がつかず、首

から下だけでよろよろと何メートルか歩いていく人もいました。

お母さんが子どもを最後まで守ろうとしたのか、女の人が小さな子どもに覆いかぶさるように亡くなっているのを見ると、その一瞬は母の笑い顔が浮かんで泣きたくなりましたが、あまりに過酷な日常にその思いもすぐにかき消されてしまいました。

空襲が一回終わると、学徒隊は横一列に並ばされ、「前へ進め」の号令で、五〇メートルほど前進させられます。しかも、その間に落ちていた指や手、耳たぶ、首などを拾い集めろと言うのです。

最初は怖くて気持ち悪くて、ガタガタ震えて泣きましたが、そのうち何も感じなくなってしまいました。人間はどんなことにも慣れるのです。慣れてしまった自分が恐ろしくもありました。

私たちはみな、おにぎりみたいなかたちの手りゅう弾を持たされ、「敵に会って殺されそうになったら、これで潔く死になさい」と、使い方も教えられていたので、自分はどこで玉砕するか、そればかり考えていました。

しかし、そういう時代でも、いのちの尊さを忘れていない人はいました。

米軍に押されて南部に下がったところで、一高女で弓道を教えていた仲井間先生に偶然お会いしたときのことです。

「君は下級生なのに、どうしてこんなところに来たのか。今すぐ家に帰れ！」

「私は決死隊だから帰りません。お国のために死ににきたのです」

「バカヤロー！　家に帰るんだ」

先生は私の頬をびんたして、うつむいてしまいました。

「私のことを忘れたんですか。先生、未知子です、未知子です」

「帰れと言ってるのに、まだわからんか……」

仲井間先生にはたいそうかわいがられていたので、そのときは先生が私のことをわからずに叩いたのだと思いました。でも、あとになって、私を助けようとしてくれたのだとわかり、ありがたさに胸がつまりました。

もう一人、歴史の先生にお会いしたときも、こう言われました。

「あなたを連れて行くことはできない。帰りなさい」

若く美しい女の先生で、大人になったらこんな先生になりたいと憧れた人でした。

「子どもがいらっしゃる先生方は、いろいろと都合があるでしょうから、独身の私が生徒たちを連れて歩いているの」

先生は何かを決意した表情で、静かにそう言われました。

昼間は校長のお世話や負傷兵の看護に追われてバタバタしていますが、夜の野営地はしんと静まり返っています。

ある晩、どこからか声が聞こえて、月明かりの中で目をこらすと、三、四年生のお姉さんたちが身を寄せ合うようにして、しくしく泣いていました。

「お母さん……お母さん……」と小さな声で呼んでいる人もいます。

戦争中は、里心が伝染して決死の覚悟が鈍るという理由から、「お母さん」と口にしただけで首をはねられることもありましたから、心配になってこっそり近づいていくと、お姉さんたちは驚いたようでした。

「みっちゃん、なんでここにいるの？　あんたは下級生なんだから、家に帰っていいのよ。お母さんに会いたくないの？」

「死ぬつもりだなんてバカなことを言わないで。今すぐ逃げなさい」

お姉さんたちは口々にそう言って、涙をぽたぽた落としました。


自分は命を失うことを覚悟しつつも、私を助けようと声をかけてくださった先生や上級生たちに、「ありがとう」と伝えたいのですが、みんなこの戦争で亡くなってしまいました。生きたいと望みながらかなえられなかった人たちの最期を思うと、生きることに手を抜いてはいけないと思うのです。

誰かがその役目を務めなければならなかったから、先生方も学徒隊のお姉さんたちも戦地に行ったのです。私は生きることができたのだから、この先は何をするにも、誰かがやらねばならないなら、私がやりましょうという気持ちでいます。

人に助けられていのちをつなぎました。
だから、どんなことも
誰かがやらねばならないことは、
私がやります。
そういう気持ちで生きています。

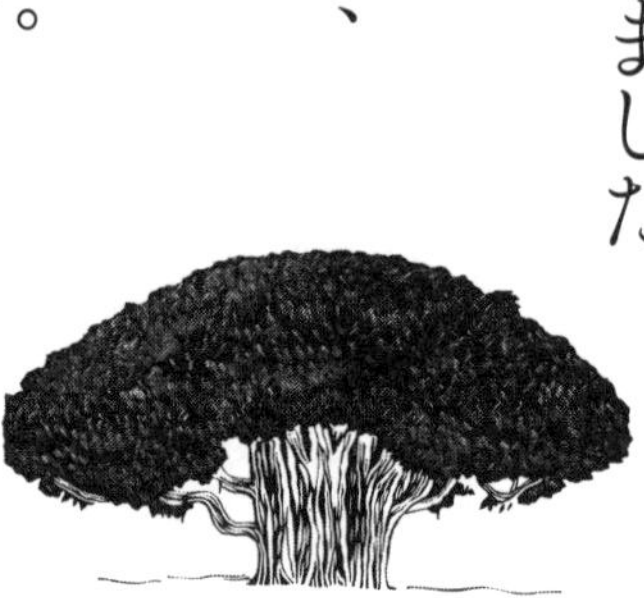

一人ではよく生きられない

「戦争の本当のつらさは、半分しかしゃべれないよ」

沖縄の戦争体験者はよくこう言います。

目の前のできることをやって一瞬一瞬を生きぬいてきたはずなのに、いざ戦争が終わってみると、なんであのときこうしたか、こうさせられたかと、腹立ちや憤り、恐ろしさ、悔しさ、恥ずかしさ、寂しさ……、いろんな感情に襲われます。

私自身、終戦から約七十年経った今も、ふと思い出しては折り合いのつけられない感情を無理やり押し込めることがあります。死ぬまで心をむしばむ、それが戦争です。

私は今、その不気味な足音が聞こえるような気がしてなりません。

いのちを分け合う人、奪い合う人

玉砕近し——誰もがそう感じはじめた頃、私は校長とはぐれてしまい、あちこちを探して回っているとき、兵隊を連れた牛島中将に会いました。

「そこの女学生、どこの所属だ？」

「校長のおそばつきです」

「なにを言ってる。そんな所属はない。家に帰りなさい」

「私はゴムの地下足袋をいただきました。絶対に帰るわけにはいかないのです」

「そんな恩賜もない。命はひとつしかないんだぞ。命令だ！　生き延びなさい」

中将は、泣いて拒む私を無理やりトラックに乗せました。

戦後の沖縄では中将のことを悪く言う人もいますが、私の目には、民間人の命を救うことに一所懸命な人だったように映りました。

私が乗せられたトラックは、沖縄北部の山村に向かっていました。その間じゅう、米軍の機銃をひっきりなしにあび、同乗していた二人の姉妹が亡くなりました。私は名護を過ぎたあたりでトラックを飛び降り、逃げ惑う避難民とともに、家族を探しに山のほうに必死で走ったのです。

そのとき戦車が近づいてきたので、日本軍が迎えに来てくれたのかと手を振って近づくと、突然射撃を受けました。

「あっ、撃たれる」と思った瞬間、知らないおじさんが私を抱えて薮の中に逃げ込んでくれたのです。おじさんは一晩中私を抱えたまま、ときどき声をかけてくれました。

「大丈夫か」「息をしているか」

「うん、まだ生きているよ」

明け方、辺りが静かになった頃、私はおじさんと別れて再び走りました。そして、ようやく避難民が集まっているところにたどり着き、家族との再会を果たしたのです。

しかしそれは、終戦までの数カ月に及ぶ苦しい山原《やんばる》生活のはじまりでもありました。

私たち家族は、祖父母の家をめざして山の中を歩きました。母は赤ちゃんだった妹を抱き、私が三歳の弟をおんぶして、両手には食糧の入った袋を持っていたので、木々の生い茂る山原を歩くのは大変でした。

小さな子どもたちも食糧を入れた風呂敷を腰に巻き、自分の力で歩かなければなりません。しかも、昼は米軍に見つからないように隠れ、進むのは夜の闇の中なので、祖父母の家まではなかなかたどり着けませんでした。

山原では避難民が集まり、固まって行動しました。途中で会った人も集団に加わり、最終的には五〇人くらいの大所帯になっていたと思います。見知らぬ人でも、そこにいてくれるだけで安心できるのです。

父はみんなの先頭に立って、生い茂る木や草を切り開き、迷わないようにときどき川を頼りに方向を確認しながら進んでいきました。最初の頃は食糧があったので、若く体力のある子が水汲みや火起こしを担当し、途中で見つけた空き缶や鉄製のヘルメットで大豆を炊いて分け合って食べました。このとき一緒に行動した人たちは、今でも親戚みたいに深いおつきあいをしています。

あるとき、水を汲みに川へ下りていくと、一人の女性が苦しんでいました。「助けて」という声に近づいていくと、女性はお産をしたばかりのようで、胸に抱えた小さな赤ちゃんには、まだへその緒がついています。私がすぐに石を川の水で洗い、へその緒を叩き切ると、女性は赤ちゃんを抱いてからだを引きずるようにして川下の方へ消えていきました。

山原で日本兵に出会ったときのことは、今でも忘れられません。

「敵がそこまで来ているから、荷物を全部置いて、もっと山奥に入りなさい」

と避難民をだまして、みんなの食糧を奪ったのです。私たち家族も、必死の思いで持ち出した大豆や黒砂糖をすべて持って行かれました。

嘘に気がついた私は、兵隊を追いかけて抗議しました。

「女学生や中学生を前線に駆り出しておいて、なんで日本兵がこんな山原に隠れているんですか！　あなた方は戦いに来たのではないのですか！」

兵隊は私をにらみ、日本刀を抜いて切りかかってきました。このとき、近くにいた叔父が止めてくれたので殺されずにすみましたが、それから終戦までは、木の実や草をちぎって食べ、命をつながなければなりませんでした。

木の柔らかな新芽は食べられる、芽をちぎったときに白い汁が出たら食べてはいけない——婦人会の女性たちに「携帯食」を教えていた母の知識に助けられました。

そこにいてくれるだけでいい

夜、山原に照明弾が落ちたときのことです。小さな子どもが照明弾の光にびっくりして泣きだしてしまい、見つかるのを恐れた日本兵が、子どもの口にオシメをつめて殺してしまいました。ショックを受けたお母さんも死んでしまいました。みんな栄養不足で、気力だけで生きていたのです。

その少しあと、私の母が衰弱しておっぱいが出なくなってしまい、一歳の妹がいつまでも泣きやみませんでした。

このままでは妹が殺される！

そう思った私は、母から妹を取り上げ、誰もいないところに走ったのです。たどりついたのは木ひとつない場所で、見上げると上空を米軍の飛行機が飛んでいました。見つかってしまった！

私と妹はここで撃たれて死ぬのだなと覚悟し、

「殺すならこい！」

と声を張り上げ、低空してくる飛行機をにらみつけました。

すると、飛行機からアメリカの軍人が、ニコニコしてハンカチを振っているではありませんか。飛行機は私たちの上を旋回して去っていきました。夢を見ているのかと思いました。

空腹をなんとかしのごうと、母と一緒に山を下りて米軍の近くまで芋掘りに行ったときは驚きました。「鬼だ」「会ったらその場で殺される」と教えられてきたアメリカ人の姿とはまったく違っていたのです。

二人とも顔に泥を塗って決死の覚悟で行ったものの、そこには芋をいっぱいつめた袋を両手に下げた軍人が待っていました。彼らは私たちに芋の袋を渡し、卵焼きを焼いて食べさせてくれたのです。

そのとき、いつも祖父が言っていた言葉を思い出しました。

「アメリカーはいい人だよ。あんな大きな国と戦うなんて間違っている」

以前ハワイで暮らしたことのある祖父がそう言うたびに、

「言ったらだめ。スパイ容疑で捕まるぞ」

とまわりから叱られていたのです。だけど、アメリカ人は私たちを殺さなかった。祖父の言葉は本当だったんだなと思いました。

アメリカ人は敵であっても、人間なのでした。そして、私たちの食糧を奪った日本兵もまた同じ人間なのです。

当時は自分たちを騙した日本兵を思うと、悔しさではちきれんばかりでしたが、今となっては、彼らはただ極限状態だっただけだと理解できます。誰も悪くない。戦争がさせたことなのです。

ほどなくして、ようやく祖父母と再会できたものの、祖父母が私たちのために蔵にしまっておいたお米も、日本兵に気づかれて一夜のうちに全部盗まれました。私たちは食べるものがなく、ソテツをカゴに入れて川の水につけて食べることにしましたが、それすらも盗まれてしまい、母は薬草を探してなんとか食べるものをこしらえていました。あちこちで餓死していく人があとを絶ちませんでした。

私が「終戦」を知ったのは、収容所の中でした。「日本が負けた」と聞いて、呆然としたことを覚えています。

豊かな時代には、心細さに他人同士が身を寄せ合うことは、ほとんどないのかもしれません。でも、戦争を経験し、たとえ知らない相手でも「そこにいてくれるだけで心強い」ことを知っている人は、存在のありがたさが身にしみています。

避難民は食べものを分け合った。山原で会った日本兵は食べものを騙し取った。この違いは何だろうと、何度も考えたことがあります。いまだに答えは出ませんが、戦争が人を狂わせることは確かです。

二〇一一年に起きた東日本大震災の被災地を訪れ、海岸線に積まれたがれきを見たとき、終戦直後の沖縄にそっくりだと胸が締めつけられるようでした。

震災の直後、世界中の人々が被災者のためになにかしようと動いたことや、なんとか立ち上がろうとする東北の人々の姿には、人の本質的なやさしさや強さが見られました。それでも「戦争」を大義に据えると、やはり殺し合うことになるのです。

助け合うと殺し合う、分け合うと奪い合う、触れ合うと避けあう、どちらが幸せかと聞かれたら、だれもが前者と言うでしょう。それだけで十分、戦争をしてはいけない理由になるのです。私はこのことを子どもたちに伝えたいと思います。

人が人らしく生きるためには、
苦しみを分かち合える
仲間が必要なのだと思います。
人は一人ではよく生きられないのですから。

誰かのために生きていく

戦争が終わってすぐ、「アメリカ世《ゆー》」と呼ばれた米軍統治がはじまりました。那覇には英語の看板の店が並び、闇市も出て、独特の活気がありました。歯科医だった父は、米軍に言われて「コンセット」というかまぼこ型の兵舎で簡易的な病院を開業しました。私たちは数カ月ぶりに家のなかで暮らし、もう飢えることもありません。

私が通っていた一高女は砲撃で壊滅し廃校になったので、同級生たちはそれぞれ近くの学校に編入しましたが、私はずっと塞ぎ込んでいました。友だちが訪ねてきても顔を見ることもできず、毎日父の手伝いをして過ごしていました。

このとき私は、悔やんでも悔やみきれない思いにとらわれていたのです。

手紙を書かなければよかった

戦局が厳しくなる直前、校長は私に、県外の師範学校に進学したかつての上級生たちに手紙を書くように命令しました。

「沖縄が戦っているときに、自分らだけよそにいるのは国賊だ。みんなを呼び戻せ」

と、言うのです。私はお姉さんたちの誇りを守らなければならないと思いました。

「親愛なるお姉さま

私は尊敬するお姉さま方が国賊と呼ばれたくありません。

どうか沖縄に帰ってきて、戦争に参加してください。

沖縄県立第一高等女学校　安田未知子」

私はこの手紙を、四二人に出しました。

お姉さんたちは二人を除いて、みんな沖縄に帰ってきました。そして、そのほとんどがひめゆり学徒隊として動員され、いのちをなくしたのです。

私が手紙を出さなければ、お姉さんたちは今も生きていたかもしれないのに……。なぜ自分だけ生き残ってしまったのか、恥ずかしさでいっぱいでした。

七〇年近く経った今でも、毎年六月の慰霊の日が近づくと、手紙のことを思い出し、起き上がれなくなってしまいます。たとえ国のためであっても、家族のためであっても、いのちを犠牲にしてはいけなかった。今はそう思うけれど、亡くなってしまったお姉さんたちにはただ詫びて祈ることしかできません。

戦後すぐの私は、この後悔が頭から離れず、絶望しきっていました。両親は引きこもる私に、なんとか前を向かせようと手を尽くしてくれました。クリスチャンだった母は、病院が休みの日は待合室に十字架をかけて牧師さんを招き、私も一緒にお説教を聞けるようにしてくれました。少しでも多くの人に来てもらい、家族以外の人とふれ合えるようにと、島豆腐や野菜のてんぷらなどを用意してもてなしていました。

やがて学校に通いはじめた私は、なんとか卒業することができたものの、その先は何をしていいかわかりません。どうしても気持ちが前を向かなかった私は、母が進めるまま沖縄外国語学校（現琉球大学に吸収）に進学しました。

だけど、この学校を卒業すると今度は就職先に迷いました。子どもの頃は教師を夢見たこともありましたが、教育の恐ろしさを知ってからはその気にもなれません。しかし、戦争で学徒隊を動員した先生方がたくさん亡くなり、当時は教師が足りない状況でした。私が手紙を出した師範学校のお姉さんたちも、生きていればみんな教師になったはずですから、教師が足りないと耳にするたびに自分が責められているような気持ちになりました。

そんなとき、母は私にこう言ったのです。

「子どもは宝もの。教師は神様から宝ものを預かる尊い仕事。大切なことを教えていく、すばらしい仕事なのよ」

母の言葉に気持ちが動きました。

「私はただ生きているだけではだめ。お姉さんたちができなかったことを私がやらないといけないんだ」

そう気づいたことで、目の前がサーっと開けていくようでした。

この私が間違えずに正しい教育ができるだろうかと不安もありましたが、悩みながらたどり着いた答えは、単純なことでした。

「大きな決まりに沿わなくてもいい。一人ひとりと向き合える先生になろう」

私が受けてきた教育は、軍国主義のなか、自分で考えて行動することは許されませんでした。子どもたちを名前ではなく番号で呼び、規則でがんじがらめに縛りました。その規則は子どものためではなく、国のためでした。

「私は絶対、子どものための教師になる。そのために強くなろう」

この決意とともに、英語教官女性第一号の免許を取得して、小中学校の教師になったのです。

〝生きる〟とは、
ただいのちを永らえることでは
ありません。
誰かの役に立ち、助け合うために
いのちはあります。

第4章

自分の人生を引きうけよう

子どもは大人を超えている

三番目の子どもが生まれてから一三年目、私は女の子に恵まれて「由美」と名づけました。その頃の沖縄はどの家も十人ほど子どもがいましたから、姑から次はまだかと急かされ続けて、ようやくできた子どもです。

由美は利発で感覚が鋭く、親である私たちが娘に諭されることもよくありました。彼女が四歳のとき、こんなエピソードがあります。

どしゃ降りの雨の日、出かける予定のあった夫がつぶやきました。

「やーなーあみばあ、ふらんけーやるむん」

この雨野郎、降らなければいいのに。こんな意味ですが、方言のわからない由美には、呪文のように聞こえるだけだろうと思っていましたが、ニュアンスでよくないことを言ったとわかったのでしょう。

「お父さん、雨さんに謝って。雨が降るからお花は咲くんだよ」

夫はしゅんとなり、うなだれて雨に謝りました。


キリスト教にはいくつかの「教派」があります。私は母にならって、子どもの頃からプロテスタントの信者でしたから、由美が三歳になって、「コザ（沖縄市）にあるカトリック幼稚園に行きたい」と言い出したときは、本当に驚きました。

家の近所にカトリック教会はなく、家からその幼稚園まではバスに乗って行かなければなりません。幼い子どもがどうやってその幼稚園のことを知ったのか、不思議でした。それでも娘がはっきり主張するのですから、無視できません。

私は由美を連れて、幼稚園に話を聞きに行きましたが、三歳児は受けつけていないことがわかり、大泣きする娘をなだめながら帰ってきたのです。しかし、このことをきっかけに、私も由美と一緒にカトリック教会に通うことになりました。

結局、由美は四歳になってその幼稚園に通いはじめましたが、そこでも不思議がられました。お昼ご飯のあと、子どもたちがみんな外に出て遊んでいるのに、由美の姿が見えません。どうしたのだろうと神父様が探しに行くと、彼女は一人でテーブルの下に這いつくばって床を拭いていたそうです。

隣の家に男女の双子が生まれたときも、こんなことがありました。

女の子は元気だったのですが、男の子に小児麻痺があり、お母さんは産後まもないからだで双子の世話と家の仕事に明け暮れて疲れきっていました。

由美はときどき幼稚園の帰りに隣に寄って、

「赤ちゃんを見ておくから、おばさん、お風呂に行っておいで」

と言って、手伝っていたそうです。

「由美ちゃんはえらいねえ」「本当にいい子だもの」

私はいろんな人にこう言われ、手のかからない、やさしい子に育ってくれたことをいいことに、由美のことを後回しにしてきたように思います。

夫がモンテッソーリ教育と出合ったのも、由美がきっかけでした。

「パパ、父親参観があるから、絶対に来てね」

と、珍しく頼んだのです。最初夫は、その日は忙しくて行けないと言っていたのですが、長男が口添えしました。

「聞き分けのいい由美が頼むなんて、めったにないことだから、今回は行ったほうがいい。あの子は普通の子じゃない。からだは小さくても考えのしっかりした大人なんだから、それだけの理由があるはずだよ」

そう言われて、夫は時間をやりくりして出かけていきましたが、そこで見た授業に驚いたそうです。本を読んでいる子、お絵描きをしている子など、みんなバラバラなことをしているのに、先生であるシスターはだまってその様子を見ているだけです。

これから何がはじまるんだろう……夫はそう思って待っていたのですが、授業参観はそのまま終わってしまったそうです。

「先生なのに何もしない、あんな授業があるか」

と、家に帰ってきてからも怒っていました。

しかし、教育者である夫は「なぜ、何もしないのか？」が気になって仕方がありません。夫と私は由美の幼稚園に話を聞きに行き、そこではじめて、シスターは何もしていないのではなく、子どもたち一人ひとりを静かに観察し、その子の心にいちばんよく届くタイミングで助言をしたり、手伝ったりしていたことがわかりました。

私たちは子どもをひとくくりにしないモンテッソーリの教育法に、感銘を受けました。一クラス五〇人もの子どもたちに同じことを言っても、みんなが同じように理解することはありえません。育った環境も性格も知能も違うのだから、一人ひとりに合わせていくしかないのです。「では、どうすればいいのか？」は、長年の私たちの課題だったのですが、由美の幼稚園の教育法は、その指針となるものでした。

私たちはモンテッソーリ教育の本を海外から取り寄せて勉強し、夫は自分が教育長をしていた具志川市の小・中学校に、この教育法を取り入れたのでした。

目の前の人が望んでいることは
一人ひとり観察すれば見えてきます。
だから無理なく喜ぶ顔が引き出せます。

どんなときも人生を受けいれよう

由美は一〇歳のとき、B型肝炎にかかって天国に旅立ちました。入院してからわずか五〇日で逝ってしまったのです。このときほど私の絶望が深かったことはありません。子どもの頃からずっと心の支えにしてきた神様に悪態をついて泣き暮らしました。

私は運命を呪い、恐ろしい顔つきになっていたと思います。

由美が逝ってしまってすぐの頃、沖縄に来ておられたノートルダム清心学園理事長の渡辺和子シスターにこう言われました。

「子どもはみんな、神様の子。あなたのお腹を借りて生まれ、あなたに育ててもらったけれど、神様の子なんです。由美ちゃんは賢い子だったから、世の中の悪をこれ以上見られなかった。これ以上生きられなかった子どもです」

渡辺シスターは、たくさんのすばらしい本を書かれた方です。近著の『置かれた場所で咲きなさい』がベストセラーになったことで、ご存知の方も多いかもしれません。

でも、そのときの私には、シスターがかけてくださった言葉がまったく耳に入りませんでした。自分は生きているのに、なぜあんな清らかな子が召されるのかと受けいれられず、娘を返してほしいと、決してかなえられない願いにとらわれていました。

それから半年ほど経った頃でしょうか。涙も悪口も出尽くし、悲しさやつらさの糸も少しほぐされ、シスターの言葉が心にすとんと入ってきました。

私はそこではじめて、娘の人生をあらためて思い返すことができたのです。

娘は本が好きな子どもでした。教会から借りてきた『ベルナデッタ・スビルー』というルルドの泉を発見した聖女の本を読んだときは、自分もこういう人になりたいと泣きながら訴えました。そのとき私は、子どものうちに将来を決めることはない、大人になって、もっといろいろなものを見てから決めるものだと諭したのです。

けれども、由美が亡くなってから、彼女が誰かの役に立ちたいと心から願っていたことを知りました。由美は小学校に入ると、学校帰りやお稽古の帰りに障がいのある人の家に寄って、本を読んであげたり、お世話をしたりしていたそうです。

私は仕事や生徒たちの進学のことで忙しくしていたので、由美がやっていたことにまったく気づいていませんでした。しかし、お葬式に私の知らない人がたくさん会葬してくださったことで、人に尽くしてきたことがわかりました。わずか一〇年ではありましたが、娘は自分の生涯を生ききったと思えてなりません。

渡辺シスターは沖縄で講演されたとき、由美の写真を壇上の机に置いて、聴講者にこう言われました。

「最初にこの子にお祈りしましょう」

そして、彼女がどういう子だったかを話されたあと、こうおっしゃいました。

「一〇〇年生きても聖人になれません。一〇〇〇名いても聖人が見つかるわけでもありません。けれど、一〇歳までの子どもは、みな小さな聖人です。この子は今、小さな聖人の座について、ローマ法王のおそばに祀られています」

この言葉をあの子が聞いていたら、どれだけ喜んだことでしょうか。

由美は神様に召されたのだな、これでよかったのだなと思えるまでには、何年もかかりました。でも、悲しみとともに歩むこともできるのだということも知りました。

人生を受けいれられないとき、悲しくて、苦しくて、神様にさんざん悪態をついて、もうこれ以上悪い言葉が出ないところまで来ると、急に自分が恥ずかしくなります。そこに行き着くまでは、決して考えるのをやめてはいけないのです。やめればそこで自分を失います。もがきながらも考え続けていると、いつの日か気づきを得られて、次の一歩を踏み出せるのだと思います。


娘は入院中、自分を火葬しないでほしいと言っていました。私たちはその言葉どおり、市に許可を得て彼女を火葬しないまま埋葬しました。そして一三年後、洗骨のためにお墓を開けると、着せていたワンピースも一緒に埋葬した夏目漱石の本もきれいなまま、彼女はミイラになっていました。

不思議なことに、木の棺だけが溶けてなくなっていましたが、墓の中は清浄な状態でした。私は管理人のおじさんに、

「誰かがお墓を掃除をしてくれたのですか？」

と尋ねましたが、所有者の許可をとらずに開けることはないという返事でした。

その日は不思議なことが重なりました。由美がお世話になっていた神父さんが、たまたまわが家を訪ねてこられたのです。私たちはちょうどお墓に行くところでしたので、神父さんも同行してくれました。

家を出た直後、アメリカから帰ってきた私の二番目の弟も訪ねてきました。家に行ったところ、留守番の人に私たちが由美のお墓に行ったことを聞き、あとから追いかけてきたのです。偶然にも私たち家族と神父様と弟が、由美のお墓で集まりました。

ミイラになっていても、私にはまだあの子が生きているように思えました。

ふと、何か大切なものを彼女にあげたいと思ったのですが、ポケットやバッグの中

を探しても何もありません。プレゼントを用意してこなかったことを悔いていると、弟が自分の首にかけていた革紐のついた木の十字架を外して、由美の首にかけてくれました。その十字架は、弟がローマ法王に謁見した際にいただいた貴重なものでした。

彼は、沖縄で戦前から宣教活動につとめた「クララ先生」のお供でバチカンを訪れ、法王にお会いできたとのことです。弟に「大切なものなのに、いいの?」とたずねると、大切なものだからこそ由美にふさわしいと言ってくれました。

家に戻って着替えたとき、私は自分の首に金の小さな十字架がかかっていることに気がつきました。由美のお墓にいるときに、どうしてこのネックレスに気がつかなかったのか、気がついていれば私がこの十字架をあの子の首にかけられたのに……。けれども、あとになってこれでよかったのだと思い直しました。渡辺シスターが講演でおっしゃっていた言葉を思い出したのです。

「この子は小さな聖人の座について、ローマ法王のおそばに祀られています」

私は弟を介して、由美のもとに法王の十字架が届けられたことに、感謝しました。

「ママ、人は死んだらどうなるの？」

由美がまだ小さかった頃、こう聞かれて、お星さまになるんだよと答えたことがあります。ところが入院中、お見舞いにいった上の娘に、由美はこう言ったそうです。

「お姉ちゃん、私はもうお星さまになっていい？」

娘は返事に困りました。

「いいよと言えば、由美が死んでしまうかもしれないと思うと怖くてね。だけど、だめだよって言うと、あの子はがっかりしてしまうでしょう」

と、ずいぶん後になってから、この話をしてくれました。

私は今でも星を見るたびにあの子を思いだし、もっと話を聞いてやればよかった、いろんなところに連れていってあげればよかったと後悔が押し寄せます。

「生徒のことばかり一生懸命で、自分の子どものことは何にもわかっていなかった。ばかなお母さんでごめんね」

と、我が子に謝るのです。

どんなに苦しくても、
考えることをやめないでください。
そうすれば、いつの日か道がひらけて
次の一歩を踏み出すことができます。

自分がやらずに誰がやる

「近所に医者がいないから寂しいよ。調子が悪くなっても、往診にも来てもらえない。だからみーちゃんが病院をつくってよ」

高齢者施設の運営に携わったのは、叔母がつぶやいたこのひと言がきっかけでした。

「私は学校の先生なんだから、病院はつくれないよ」

と、すぐさま答えたものの、その当時は近所に病院がなく、お年寄りが不安を抱えているのは事実でした。集まれる場所もなく、おじいちゃんやおばあちゃんがぽつんと家の中に取り残される家庭も少なくなかったのです。

病院をつくるなんて私にはできないけれど、医者になった弟たちであればなんとかなるかもしれない。そう思い、私は東京の大学病院に勤めていた三番目の弟、高江洲《たかえす》義英《よしひで》に「帰ってきて病院をつくってほしい」と声をかけました。

突然の姉の懇願に弟はたいそう驚いていましたが、最後には承諾してくれました。ちょうどその頃、大学では教授の席が決まっていたこともあって調整に苦労があったようですが、やがて沖縄に帰ってきて、病院づくりにかかったのです。精神科医だった弟は、戦争で病んだ人々を癒す「こころの病院」をめざし、患者さんたちを薬づけにさせたくないと、音楽療法、園芸療法、芸術療法を柱に取り組みました。

いずみ病院ができてから七年目、教師を定年退職した私は、弟の病院を手伝うようになりました。しばらくすると、ある友人から自分の両親を預かってほしいと頼まれます。友人は共働きで、年老いてからだが弱った親の世話を思うようにできないが、二人とも入院させると、一人何十万円もかかって暮らしが追いつかないというのです。

私は弟に頼み、病室の一角に畳を敷いて老夫婦を預かりました。その後も同じように、老夫婦を預かることが何度かあったことで、弟は介護老人保健施設をつくるように、私に強くすすめました。

最初は無理だと思いました。なぜなら、私は義母とケンカばかりしていた人間です。一人のおばあちゃんとうまくいかない私に、たくさんのお年寄りを預かれるはずがないと思ったのです。

だけど、両親や夫が「やってみろ」「おまえがやらなくて、誰がやるか」と、背中を押してくれたことで、いずみ苑の開設に着手できました。

私は弟と同じ志で、お年寄りが楽しみながら暮らせる「こころの施設」をつくろうと思いました。弟と職員のみなさんの尽力で、現在ではデイケアやグループホーム、訪問看護ステーションも構え、認知症のお年寄りを預かる環境も整えられています。

敷地内には亜熱帯植物園やハーブ園を設けて園芸療法を取り入れ、屋内にはグランドピアノを点在させ音楽療法も組み入れるなど、病院の患者さんや施設利用者さんが望む活動を通してリハビリできるように努めています。

自分の部屋のベランダに野菜畑をつくる人や、壁一面に大きな絵を描く人もいて、施設内は個性にあふれかえっていますが、それもよし。絵、書道、歌、楽器、陶芸などさまざまな環境を用意して、その中から楽しめることを見つけて元気になってもらえれば、それがいちばんです。

「きれいな部屋で寝泊まりして、友だちが近くにいっぱいいて、おいしいごはんも三度三度運んでくれる。具合が悪くなってもまわりに人がいるから安心よ」

いずみ苑をつくってから、たくさんのお年寄りがこう言って喜んでくれました。施設で提供しているサービスは特別なことではなく、はるか昔から子どもや孫がやってきたことばかりですが、今の日本社会の仕組みではすべてを家族が担うことは難しいでしょう。

それでも、こっちの人にできないことも、あっちの人はできるかもしれない。個人にできなくても企業や自治体ならできるかもしれない。お互いにやれることを合わせて、みんなが少しずつ暮らしやすくなればいい。私にできることがあればやりましょう、そんな気持ちで施設を運営しています。

ケンカばかりしていた義母は、いずみ苑に入所した途端、人が変わったようにやさしくなりました。友だちもできて楽しかったのでしょうか、施設利用者としてモデルにしたいほど、人との和を大切にしていました。

六〇歳を過ぎたころから、口癖のように「もうすぐ死ぬよ」と言いながら、九四歳まで元気で暮らし、最期は「ありがとうね。あんたのおかげで私はいい時間をすごせたよ」と言って、眠るように逝きました。

施設をつくってよかったとつくづく思いました。バチバチと火花を散らした嫁姑だったけど、最後に仲良くなれたのですから。

求められたときは
自信がなくても取り組みましょう。
きっとそれまでとは違う景色が
目の前に広がります。

まだあきらめていない夢がある

亡くなった由美の遺志を引き継いで、知的障がいのある子どもたちのお世話をしています。先日、ある施設で一人の子どもに声をかけました。

「アッキー、元気がないね。今日はおっかあはどうしたの？」

その子は「死んだ」とそっけなく答えました。

驚いてまじまじと彼を見ると、洋服がしわだらけだったので、お母さんは本当に亡くなったのだとわかりました。お母さんはいつも、アッキーの作業着にまでぴっちりアイロンをかけていたのです。

「どうせ汚れてくちゃくちゃになるんだから、アイロンなんかかけなくていいのに」

と言っても、アッキーのお母さんは、自分にできることはこれくらいしかないからと、いつも折り目のついた服を着せていたのでした。

誰にとっても親は大切ですが、障がいのある子どもにはとくに大きな存在です。

これまで、知的障がい者の親が亡くなった場合に、一人取り残される場面を頻繁に目にしてきました。親が生きている間は、施設で暮らしていても家に帰ることができるし、温かな愛情にふれることもできますが、親が亡くなってしまうと、家や財産、墓があっても、どこにも受け入れてもらえない子がたくさんいるのです。誰も見舞いに来てくれない、死んでも引き取ってもらえないこともあります。

こうした障がい者受け入れの問題は、社会全体で解決策を見つけていくしかありません。私はなんとか彼らが自立できる仕組みをつくろうと、一九九七年にクリーニングサービスをスタートさせました。

最初は知的障がい者五人を雇用し、一枚一枚ていねいに仕上げるところからはじめましたが、現在では健常者のスタッフも加わって、病院や施設を中心に仕事を請け負い、一般のクリーニング店からも依頼が来るようになりました。

いずみ病院・いずみ苑のハーブ園やレストランでも障がい者雇用を行っていますし、最近では自立支援に協力する企業も増えてきているようです。

私はこの次のステップとして、障がいを持つ人が安心して暮らせる村ができないかと考えています。彼らの親が亡くなったあとも、そこにいる人同士で助け合って生きられる村。施設をつくり、企業で雇ってもらえる人は働き、そうでない人は村単位で仕事を請け負い、自分にできることをして生活を営むのです。

夢のような話ですが、私は本気で実現しようと準備をすすめています。なかなか認可がおりず、ひとりでやることのむずかしさを感じていますが、賛同してくれる仲間や企業が集まって、どんなことに協力できるか話し合い、計画を少しずつたしかなものにしていけばいい。

「一人《ちゆい》たれいだれい」。一人でできないことは、みんなで補い合えば、いつかはできるんじゃないかと信じているのです。

生きていれば笑える日が来る

ずいぶん昔のことですが、ダウン症の子どもを持つお母さんが自殺したことがありました。我が子を健常者にしてあげられなかったと悔やんだ末のことでしたが、もう少しがんばれれば、笑える日が来たのではないかと思わずにいられません。

私はボランティアで「スペシャルオリンピックス」に参加しています。これは知的障がいのある人たちにさまざまなスポーツトレーニングと、その成果発表の場である競技会を継続的に提供している国際的なボランティア団体です。

そこにも、ダウン症の子どもがいますが、彼らはいつも穏やかな笑顔でまわりを幸せにします。

フロアホッケーの試合では、自分たちのチームに点が入ったとき、みんな手を叩いて喜びます。そして、相手チームが点を入れたときも、彼らは同じように手を叩いて喜ぶのです。

「私たちのチームが負けたんだよ」

そう声をかけると、

「あっちが勝ったからいいよ」

と拍手を送ります。これは健常者にはなかなか到達できない心情です。

私はこの子たちと試合に行くと、いつも温かい気持ちになります。敵も味方もないのだと教えられるのです。

「こんちくしょう」「おまえのせいで」「ああ損した」「ああ儲かった」

こんな言葉などひとつもない世界で、彼らは生きています。その姿、存在がどれだけ人を潤すか。自殺したお母さんは、つらいときは誰かを頼り、もう少し持ちこたえられれば彼らの世界にふれ、こんなふうに産んでしまったと後悔する気持ちが消えたかもしれないのです。

今できなくても、
明日はできるかもしれない。
あきらめなかった分だけ
気持ちが強まり、
願いがかないます。

財《たから》はお金じゃない

私の父は六五歳になったとき「いつ死ぬかわからないから」と、貯金を全部おろして、自分の歯科医院に勤めていた技工士さんや看護師さんたちに土地を買い、家を建てました。それでいて、自分の子どもには何ひとつ残しませんでした。

「子どもたちは、学校を出したんだから十分だ」

「未知子は、ぼくとたくさんおしゃべりしただろう？　それが財産だ」

と言うのです。

「財を築いて金を残せ」

これは父が遺した言葉ですが、最初はこの言葉の意味がまったくわかりませんでした。なぜなら、父は「金を残せ」と言いながら、一円のお金も残さなかったからです。

しかし亡くなったあと、父の手帳の中にその答えを見つけました。

父の言う「財」とは人のこと、「金を残せ」とは地域社会のためにお金を使え、という意味でした。まわりの人と助け合い、いい関係を結び、地域のためにお金を使い、みんなが暮らしやすい環境を整える。

そうすることで新たな財（人との関係）を築くことができ、もっといい環境が整えられる。その循環でみんながより幸せになる。この言葉は、そう説いていたのです。

父にとっては、自分を支えてくれた技工士さんや看護師さんたちが、何よりも「財《たから》」だったのでしょう。


「ひとついいことをしたら、自分の横にすげ笠が置かれる。いいことをすればするほど笠が積まれる。この笠を〝徳〟と言うんだよ」

父はこんな話もしてくれました。人は笠を積みながら山を登り、六〇歳を過ぎたときに笠をかぶって山を下りる。笠（徳）は雨風（苦難）から身を守る。そんな比喩が込められているのでしょう。この話には続きがあります。

六〇歳になって山を下りたら、一旦荷物を下ろして、次は新たな、さらに高い山を登りはじめるのだそうです。ひと山越えて培った力で、もっと高い山に登る。

老年期に入ったところから、また違う楽しみがあるということです。

「善いことをしたら、人に言うな。悪いことをしたら、小さな子どもにも頭を下げて謝れ」

これも父の言葉です。せっかく徳を積んでも自慢のタネにしては笠は積まれない。自分のためにならないよ、というところでしょうか。

子どもの頃は教えの真意がつかめないことも多かったのですが、今自分が八〇歳を超えてみると、父はいい言葉をたくさん知っていたなあと感心せずにいられません。父の言うとおり、両親からの数々の教えが私の「財」になっています。

「財《たから》」を蓄えるとは、
人といい関係を築くこと、
教えに素直に耳を傾けること。
財はお金では買えない価値となって、
やがて自分を助けます。

全力で生きていきましょう

「あら、このおばあちゃん。まーす漬けにして置いておきたかったよ」

沖縄では大切な人のお葬式などで、よくこういう言い方をします。「まーす」とは塩のことです。昔、沖縄では、大切な豚肉を長持ちさせるために、塩漬けにしてそうめん箱に保存していたものですから、この言葉には、もっともっと長生きして欲しかった、という哀悼の意味が含まれているのです。

「お葬式のとき、こう言われる人になりましょうね」

私がいずみ苑の利用者さんたちにこう言うと、若い職員たちは、

「お年寄りにお葬式の話なんかして」

とオロオロするのですが、私は「死」は忌み嫌うものではないと思っています。残された時間を楽しみ、安心して日々を送るためにも、死をうけ止めるのは必要なことです。私たちは生まれたときから死に向かって歩きはじめ、その道のりが「生きる」ということですから、生と死を分けて考えるのは不自然です。

よい死を迎えたいなら、よく生きること。まわりと助け合って、「今」を全力で生きることではないかと思います。

私はそうやって生きてきたから、いつどこで最期が来てもかまわないし、明日は目覚めないかもしれないと思うこともあります。けれども、そう思った途端に、整理整頓できていない部屋が気になってあちこち片づけはじめてしまいます。

人にだらしないと思われたくない、そんな見栄があるくらいですから、私もまだまだ修業が足りないようです。

生死はひとつのつながりにあります。
だから死を恐れることなく、
今を精いっぱい生きていきましょう。

おわりに

私は定年までは子どもたちと、それ以降はお年寄りや障がい者たちとともに生きてきました。その間、教えたことで教えられ、助けたことで助けられる、その繰り返しでした。今回、この本を書くために、自分の人生を駆け足でふり返りましたが、失敗だらけだったと思います。

とくに、親としては落第点でした。他の子のことに走り回って、甘えさせることもなく、子どもたちには寂しい思いをさせました。それなのに、今では「お母さんがやりたいことをやればいいよ」と私を支えてくれています。

私は高江洲義光《たかえすぎこう》・英子《えいこ》という、すばらしい親に恵まれて道を踏み外さずにすみました、理解のある家族や兄弟がいたことで、自分のやりたいことに没頭できました。また、数々の病気を経験して生きることに真摯になれました。

そして今、「すべてに感謝」という気持ちでいます。たくさんの人と関わって、「ありがとう」や「ごめんなさい」を言ったり言われたり。これこそ、よい生き方と言えるのではないかと、この本を機会にあらためて思い、私は幸せに生きてきたんだな、と実感しています。

この本のなかでは仮名にさせてもらいしましたが、登場人物はすべて実在した私の生徒たちです。おそらく、みんないいおじさん、おばさんになっていると思いますが、私にとってはいつまでもかわいい生徒であり、私を「先生」として育ててくれた恩人です。この先も、みんなが自分らしく、幸せに人生を歩むようにと祈っています。

出版のお話をいただいたとき、戦後の混乱期に無我夢中でやってきた私の体験が、誰の参考になるのだろうかと思いましたが、「人のために生きる喜びを多くの読者に伝えたいのです」との編集者の言葉にふれ、お受けすることにしました。私の体験が誰かのお役に立つのであれば、これほどうれしいことはありません。

最後になりましたが、この本を世に出すために奮闘してくださったＷＡＶＥ出版編集部の大石聡子さん、執筆に協力してくださった中村美砂子さん、私を励まし、出版への勇気をくださったＷＡＶＥ出版社長の玉越直人さん、そして、いつもそばで見守ってくれている瀬戸川礼子さん、私の友人たち、そして私の家族に心より感謝します。

安田未知子

安田未知子（やすだみちこ）

介護老人保健施設いずみ苑　苑長
東京都港区生まれ。両親とともに8歳で沖縄に渡る。沖縄県立第一高等女学校の校長と牛島満中将の伝令役として戦争に参加。戦後、沖縄初の女性英語教官となる。

自身の子を5人育てながらも、貧しく教育やしつけが行き届かない生徒を家に住まわせ、巣立たせる。

そんな姿に周囲からは「自分も大変なのに、子どもを預かって……先生はバカと言われていますよ」と忠告されるが、「支えが必要なら支えぬく」と、43人の生徒に住まいと勉強の場を与えて育て上げた。

その間、30代〜50代は数々の病気に苦しむ。リウマチ、ガンに加え、8カ月間は原因不明の失明状態に陥り、さらに8カ月間意識不明の状態も経験した。意識を取り戻したあと、病床で沖縄の薬草を研究し、食養生活を開始。自らの力で病気を克服し、今でも髪の毛真っ黒の健康体。

退職後は、弟（医師）といずみ病院を運営。〝お世話される〟年齢でもおかしくないのに、介護老人保健施設いずみ苑の苑長としてお世話する側に。平成17年、知的障害のある人たちのための「スペシャルオリンピックス」の沖縄支部を立ち上げ会長に就任。全国の経営者の相談や講演、セミナー活動も行っている。

睡眠3時間。毎朝全国からの電話悩み相談も受ける。その姿は〝沖縄のマザーテレサ〟と呼ばれている。

引きうける生き方
誰かのために手を差しのべるということ

2014年6月30日第1版第1刷発行

著　者　　安田未知子
発行者　　玉越直人
発行所　　WAVE出版
〒102-0074　東京都千代田区九段南4-7-15
TEL 03-3261-3713　FAX 03-3261-3823
振替 00100-7-366376
E-mail:info@wave-publishers.co.jp
http://www.wave-publishers.co.jp

印刷・製本　萩原印刷

ISBN978-4-87290-685-1
NDC159 207p 19cm